大展好書　好書大展
品嘗好書　冠群可期

大展好書　好書大展

品嘗好書　冠群可期

趙堡太極拳①

趙堡太極拳
拳理拳法秘笈

王海洲　著

大展出版社有限公司

趙堡太極拳宗師

鄭伯英

鄭伯英

趙堡太極拳第十代宗師鄭伯英先生，字錫爵，河南溫縣趙堡鎮人。從小跟隨鄰家大伯——趙堡太極拳第九代宗師和慶喜學習趙堡太極拳。鄭伯英忠厚正直，勤奮好學，尊師重道，癡迷武技，日練拳逾百遍，得到和慶喜老先生的真傳。他行拳舒展大方，快速而又變化多端，技擊中挨著何處何處擊，太極功夫已達化境。

19312年4月，他在河南開封舉辦的華北五省國術擂台賽中奪得魁首，被譽為「神手」。後鄭伯英因避戰亂遷居西安，曾在西北五省主席趙壽山（中共地下黨員）部下任武術教官。新中國成立後，由趙壽山引薦，鄭伯英曾教授當時在臨潼休養的彭真部長學習趙堡太極拳月餘，彭部長的胃病因此得到恢復。鄭伯英在西安廣泛傳授太極拳，弟子遍及各行各業，使趙堡太極拳深深扎根中國大西北。

張鴻道

張鴻道

趙堡太極拳第十一代宗師張鴻道先生，河南溫縣趙堡鎮人。自小聰慧過人、酷愛武術，曾跟道士學習道家功夫，後師從姑父鄭伯英學習趙堡太極拳，得到鄭伯英的真傳。他刻苦練功，掌握了趙堡太極拳的真諦，太極功夫精湛絕倫，有「一指鎮西」的美譽，在20世紀50年代曾獲得西北五省推手比賽冠軍。60年代，他為了更全面、更好地傳承和發揚趙堡太極拳、回饋家鄉，返回趙堡鎮收徒授拳。期間，他多次與當地成名拳師交流和切磋太極推手，曾用一指征服對方。在當地具有很高的聲望。

王海洲

王海洲

趙堡太極拳第十二代傳人、趙堡太極拳大師王海洲先生，河南溫縣趙堡鎮人，是當今趙堡太極拳的傳奇人物。從小熱愛武術，22歲時拜姑父——趙堡太極拳第十一代宗師張鴻道為師，得到了趙堡太極拳正宗傳授。幾十年苦練不輟，功力深厚，技藝高超。

為收集整理趙堡太極拳技藝，王海洲克服家庭困難，自籌經費，歷時數十年到陝西、山西、四川、河南等地遍訪趙堡太極拳傳人，收集了大量趙堡太極拳拳論、歌訣，全面地掌握了趙堡太極拳的各種練法、應用技巧及拳理拳法。尋訪

全國各地武術名家，太極拳達到極高的境界。

王海洲將自己得到的趙堡太極拳真傳整理編輯成書，先後出版了十多部專著。從20世紀80年代開始，王海洲積極弘揚和發展趙堡太極拳，奔赴全國各地收徒授拳，並在全國20多個省市成立了30多個趙堡太極拳分會，把趙堡太極拳傳向全國，使更多的人從中受益。

幾十年來，王海洲秉持尊重歷史的科學態度，經過大量的調查、考證和研究，遍訪宗師後代及門人，求真務實，論證了趙堡太極拳數百年的光輝發展史，籌建了趙堡太極拳總會歷代宗師紀念館。經過長期不懈的努力，趙堡太極拳成為第六大傳統太極拳，有力地維護了趙堡太極拳的歷史地位和尊嚴。

多年以來，王海洲獲得諸多榮譽，並應國內外各地武術團體邀請受聘為顧問、總教練、教授等高級職稱和職務。1982年被溫縣體委武協評為老拳師；1984年被推薦擔任溫縣武術協會常務理事、趙堡太極拳總會副會長兼總教練；1991年在河北永年國際太極拳聯誼大會被評為十三太極名家之一；2001年應國家體育總局邀請參加香港匯演。

自 序

趙堡太極拳始於明萬曆年間，奉張三豐為祖師，尊蔣發為先師。蔣發先師學拳於山西太原王林楨（即王宗岳），後傳入河南溫縣趙堡村（現趙堡鎮）並在趙堡村內秘傳四百餘年至今，以傳承地命名，也是當今六大傳統太極拳門派中唯一一個以地名命名的太極拳拳種。

趙堡太極拳第九代傳人杜元化先生於1935年編著出版的《太極拳正宗》，因原原本本地傳承王宗岳《太極拳論》之精髓要義而著稱，我於1999年編著出版的《杜元化〈太極拳正宗〉考析》也因與之一脈相承而備受關注。在當今中國傳統太極拳六大門派當中，趙堡太極拳以時代最遠久、傳承最正宗而堪稱現代各太極拳門派之母拳。

我是溫縣趙堡人，世居趙堡村。22歲時師從當時有「一指鎮西安」美譽旳趙堡太極拳第十一代傳人張鴻道大師，習練趙堡太極拳並得到真傳，成為趙堡太極拳第十二代掌門人。

我曾在少林寺擔任太極拳教練，多次受聘為國家和省市級太極拳專家和顧問，1991年被國家體委授予太極拳十三名家之一，成為國家級武林大師、太極拳名師。2010年和2017年分別榮獲中國永年國際太極拳聯誼會中華太極領軍人物「太極功勳獎」和第六屆武當國際演武大會趙堡太極拳「終身成就獎」。現擔任溫縣趙堡太極拳總會副會長兼總教練、總拳師。

幾十年來，我義不容辭地肩負著門派傳承和發展的重任，習拳研理，技法並進。為此，在拳理拳法方面，我先後主持編寫出版了多本著作，主要包括《秘傳趙堡太極拳》（廣西人民出版社，1990年）、《趙堡太極劍、太極拳、太極棍、太極單刀、太極春秋大刀、太極散手合編》（廣西人民出版社，199年）、《杜元化〈太極拳正宗〉考析》（人民體育出版社，1999年）、《王海洲趙堡太極拳詮真》（人民體育出版社，2002年）、《趙堡太極拳十三式》（人民體育出版社，2003年）、《趙堡太極拳秘傳兵器解讀》（人民體育出版社，2008年）等，其中，有關趙堡太極拳和太極劍的論述被人民體育出版社收錄到2013年出版的《傳統太極拳全書》和《傳統太極劍全書》中。

為更好地傳播和推廣趙堡太極拳，在《中華武術展現工程》中錄製並發行了趙堡太極拳、棍、劍的規範套路以及技擊散手的系列教學光碟。同時作為太極拳專家經常出席和指導國家級、省市級的太極拳賽事和有關活動。

在傳承推廣方面，從20世紀80年代起，我在溫縣趙堡太極拳總會的支持下，打破趙堡太極拳世代不出村、不傳外人的陳規舊俗，巡遊全國20多個省、市、自治區傳授拳技，並指導各地成立30多個趙堡太極拳分會，受益者數萬人。同時收徒百餘人，親自培養了一批趙堡太極拳的傳承骨幹。

在長期的授拳研理過程中，我堅持進行本門獨特拳理法的鑽研和探究，並取得了一批成果；結合教學實踐中積累的拳架的形、意、理的教練經驗，形成了針對本門弟子有效練習的系列講義，為進一步弘揚趙堡太極拳的拳理拳法拳技奠定了良好的基礎。當前國家對非物質文化遺產太極拳保護和傳承工作高度重視，趙堡太極拳廣大愛好者習練的熱情日漸高漲，迫切需要再提高和進一步掌握拳藝拳技。同時，趙堡太極拳的繼承工作需要更多的「以德為先、技藝精湛」的德藝雙馨的傳承人。

我要打破歷代宗師臨終擇徒授秘的慣例，改變教會徒弟餓死師傅的狹隘心態，欲將我幾十年習拳心得傾心授徒，為徒弟們答疑解惑，讓大家在我身上真正感知到太極拳的真面目、真功夫、真神通。期望大家練功精進，來日能夠出現幾十位趕上或者超過我的好徒兒，為趙堡太極拳的壯大發展，為太極拳正本清源做出應有的貢獻。經過深思熟慮，我決定對歷年來的授拳講義手稿進行系統整理，並編輯出版成《趙堡太極拳拳理拳法秘笈》一書。

此書提出了趙堡太極拳理、形、意的系統訓練體系，主要內容包括趙堡太極拳108式規範拳架、拳理拳法秘笈、獨特用法、太極十三式起源圖解、乾坤顛倒顛等五大部分內容。本書首次詮釋了「一動十三勁俱現」「人身一太極」和練武「算術題」等趙堡太極拳獨門秘笈之要義和獨門練法之技巧。書中還有我專門為之演示的趙堡太極拳標準拳架示範圖，旨為廣大愛好者進行高層次修煉提供規範指導，也是對趙堡太極拳理論和實踐的創新探索。

常言道：理論拳不明，拳無理不精。一層功夫一層理。

趙堡太極拳的理、形、意是其正宗體系，一定要遵循趙堡太極拳的獨門練法，才有本門的練拳效果，不可摻雜旁門之術。

窺得其中秘，方知天外天。然而紙上得來終覺淺，欲得真知須躬行。希望廣大太極拳愛好者通過本書更多更好地了解趙堡太極拳。祝願趙堡太極拳能夠在更高層次和更大範圍內弘揚和推廣。

王海洲

目　錄

趙堡太極拳108式規範拳架 …… 13

趙堡太極拳獨門秘笈 …… 201

基本原則 …… 202
獨門練法 …… 204
重要秘訣 …… 212
拳理 …… 216
拳法 …… 218
要訣 …… 221

趙堡太極拳的獨特用法 …… 223

太極十三式起源圖解 …… 229

乾坤顛倒顛 …… 235

附錄 …… 239

後記 …… 251

習拳習道，理義須明，
功不間斷，其藝乃精

——邢喜懷《太極拳功》

趙堡太極拳練功的程序：以後天引先天，其中有無數層折，均須一層挨一層，不得獵等，否則無效。

——杜元化《太極拳正宗》

天地旋轉，太極無極限；
秘傳不秘，無形寓有形。

——王海洲

趙堡太極拳

108式規範拳架

趙堡太極拳108式拳架

108式規範拳架

第 一 式 預備式
第 二 式 領 落
第 三 式 翻 掌
第 四 式 懶插衣
第 五 式 如封似閉
第 六 式 單 鞭
第 七 式 領 落
第 八 式 白鶴亮翅
第 九 式 摟膝斜行
第 十 式 開 合
第 十一 式 琵琶式
第 十二 式 摟膝腰步
第 十三 式 上步十字手
第 十四 式 摟膝斜行
第 十五 式 開 合
第 十六 式 收回琵琶式
第 十七 式 摟膝腰步
第 十八 式 上步十字手
第 十九 式 摟膝高領落
第 二十 式 束手解帶
第二十一式 伏 虎
第二十二式 擒 拿
第二十三式 指因捶
第二十四式 迎面捶
第二十五式 肘底看拳
第二十六式 倒攆猴
第二十七式 白鶴亮翅
第二十八式 摟膝斜行
第二十九式 開 合
第 三十 式 海底針
第三十一式 閃通背
第三十二式 如封似閉

第三十三式　單　鞭
第三十四式　雲　手
第三十五式　腰　步
第三十六式　高探馬
第三十七式　轉　身
第三十八式　右拍腳
第三十九式　再轉身
第 四十 式　左拍腳
第四十一式　雙風貫耳
第四十二式　旋腳蹬跟
第四十三式　三步捶
第四十四式　青龍探海
第四十五式　黃龍轉身
第四十六式　霸王敬酒
第四十七式　二起拍腳
第四十八式　跳換腳
第四十九式　分門樁
第 五十 式　抱　膝
第五十一式　喜鵲蹬枝
第五十二式　鷂子翻身
第五十三式　踝　膝
第五十四式　再踝膝
第五十五式　研手捶
第五十六式　迎面肘
第五十七式　抱頭推山
第五十八式　如封似閉
第五十九式　單　鞭
第 六十 式　前　招
第六十一式　後　招
第六十二式　勒馬式
第六十三式　野馬分鬃
第六十四式　右高探馬
第六十五式　白蛇吐信
第六十六式　玉女穿梭
第六十七式　轉身懶插衣
第六十八式　如封似閉
第六十九式　單　鞭
第 七十 式　雲　手
第七十一式　跌　岔
第七十二式　掃　腿
第七十三式　轉　身
第七十四式　右金雞獨立
第七十五式　左金雞獨立
第七十六式　雙震腳
第七十七式　倒攆猴
第七十八式　白鶴亮翅
第七十九式　摟膝斜行
第 八十 式　開　合
第八十一式　海底針
第八十二式　閃通背

第八十三式　如封似閉
第八十四式　單　鞭
第八十五式　雲　手
第八十六式　腰　步
第八十七式　高探馬
第八十八式　十字手
第八十九式　單擺蓮
第九　十　式　指襠捶
第九十一式　領　落
第九十二式　翻　掌
第九十三式　懶插衣
第九十四式　右七星下式
第九十五式　擒　拿
第九十六式　回頭看畫
第九十七式　進步指襠捶
第九十八式　黃龍絞水
第九十九式　如封似閉
第一〇〇式　單　鞭
第一〇一式　左七星下式
第一〇二式　擒　拿
第一〇三式　進步砸七星
第一〇四式　退步跨虎
第一〇五式　轉　身
第一〇六式　雙擺蓮
第一〇七式　搬弓射虎
第一〇八式　領　落

第一式　預備式

預備式

理

【歌訣】

太極起勢莫輕看，左右相合人進難，

千斤墜功內中找，逆腹呼吸轉周天。

形

面朝正南，自然站立，完全放鬆，達到天地無為境界時，頭有上領或者上頂、氣下沉入丹田、小腹有脹或者外凸之感，也就是懸頂墜臀之法。腳要盤根、踏地，同時頭上頂，脊椎隨頸部上拔，下脊椎隨臀部下沉，拉開脊椎骨每節之間的空隙，才能使背後的兩條動脈大筋疏通無阻。

周身進入靜的狀態時，神意易入天根，面前呈現出祥光，圍繞周身一個圈，也可為視覺圈。身要三直，此時的意念要「頭頂日月，懷抱乾坤，腳踏五行」。同時，神聚天根，想到吸取大地之精華，心與意發出意圖，氣下行至腳趾，膝微曲達到上下墜直不超出腳尖，臀部下墜與後腳跟齊，加速加重腳趾抓地之力度，使湧泉穴上凸之氣感達到承山穴，所謂筋的部位。（圖 1、圖 2）

上身鬆肩微內扣，兩臂自然向身前斜下墜落到兩胯

圖1

圖2

前，也就是所謂的手落手窩。此時，腳底要分陰陽，以腳的外側加重力點，使腳心外掀，雙腳心呈現一圓圈，雙腿外剛內柔，迫使氣感繼續上移，升到大腿內側陰陵泉穴。同時，須借含胸鬆肩之力，由掌根運到拇指，也就是按十三勁勁路圖的路線，將掌根五陽變化到拇指上，並且，雙膝同時助掌力勁路，使全身前開，後背合，迫使脊背墜臀、裹襠、提襠，同時須要小腹底部上頂，肛門緊閉、上提，完成吊襠，把陰陵泉穴之氣感上移到海底穴。隨即收小腹，把海底穴的氣感強推向命門穴。隨即含胸拔背，助氣感上移到後心穴。（圖3）

借含胸拔背之際，即用肉梢——口腔內的舌，舌根後上抽，迫使後頸上挺，把後心穴之氣感上行到泥丸穴，同

圖3

圖4

時雙臂振節向後向上推助氣感入泥丸穴。雙臂外撐，使雙臂之力由臂外側送到雙掌根外側後，由外達內下落於手窩，助腹內之清氣吐出，使泥丸之氣感落入丹田，恢復無極狀態。（圖4）

【要點】

1. 認識身體的幾個穴位

湧泉穴，承山穴，陰陵泉穴，海底穴，命門穴，後心穴，玉闕穴，泥丸穴，丹田。（圖5）

2. 如何兩腳與肩同寬

雙腳自然站立，左腳保持不動，右腳腳尖與左腳腳尖相接，兩腳成90°，然後，右腳以腳跟為中心向右轉90°，

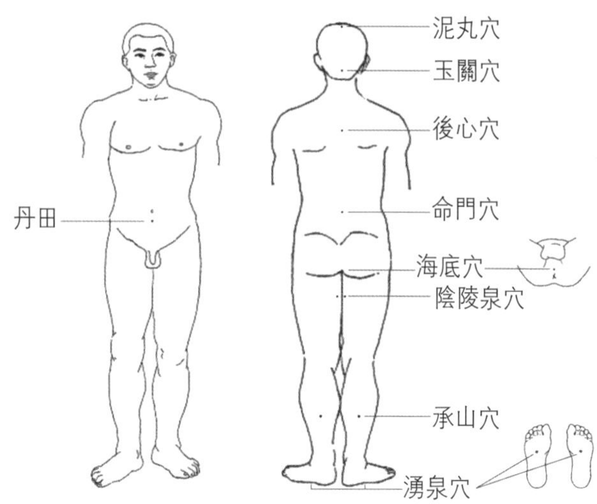

圖5　身體主要穴位圖

再把右腳往下移與左腳平行。此時，量兩腳外側的距離，就是與肩同寬的距離。

第二式　領　落

領落

理

1. 拿住丹田時一定要腳下分出陰陽來。

2. 雙手出擊的目的，是否用身體來配合，身是否走圓。

3. 以天機（天機即兩胯）的變化由領到落。

4. 左手要上領，右腳（跟）一定要蹬，腳尖要上蹺，方能使周身穩。

【歌訣】

太極拳功十三法，趙堡八法要心明，

四手能化千萬招，應敵妙法用不盡。

形

左右手掌手窩向下，如抱球之勢，隨身形向下蹲，同時掌心著力。趁下蹲之勢，右腳跟為軸著力，腳尖離地內扣，左腳向東南方向，五趾抓地踏實。在腳尖點地，腳跟上提外旋，腳尖向左前方點地。（圖6）

周身先向下再向上畫弧，左手指隨左腳向左前方邁出，左手直取對方右腋窩。左腳踏實成左弓蹬步（即左腿小腿要直，大腿要平），右腳蹬直。右手掌隨身形由下向上向外旋，由背到順，護心臟上抵至指尖和鼻平。（圖7）

圖6

圖7

圖8

周身隨身體向上向右後方成右弓蹬步，左手掌隨身體後移變立掌下切到左膝內側，掌心向裡，掌根著力；右手掌外根部上抵，向外旋轉黏住對方手腕。（圖8）

右手繼續向下落至右腳尖前，同時左手變掌心向下向前向上推到與頭平，形成左弓蹬步，左腳尖向外擺到東南方向。（圖9）同時提右膝與胯平，右腳尖向前。右手掌隨即上提至右膝上，指尖向上，掌心向裡。成左獨立步後，左腳著力，右手向前向上推至與頭平，再向內向下變拳落至臍上方，拳心向裡拳眼向上；左手向裡向下落至臍下，掌心向上。右腳向前蹬出後落入左腳旁，與肩相寬變實。（圖10）

圖9

圖10

【要點】

1. **拿住丹田練內功**。掌根往襠裡按，身體往下按，分出左右，左虛右實。不要用十指按，有走圓的概念。

2. **迎抵、開合**。左手迎和抵，同時左腳同方向出去成弓步，左腳實，左腿小腿要直，大腿要平，右腳腳尖內扣，呈微虛狀態。右手開合，從右襠前隨身體沿肚臍、心窩前往上領到鼻尖、眉間，掌心向裡，再朝外旋到眉間。至此，出現兩種打法：左手為迎抵，右手為開合。

3. **領落、出入**。天機帶動，右手往上往後領成一個半圓，右腳腳尖向右前方擺，同時，左手為落，落到左大腿內側，左腳腳尖轉內扣，身體重心移於右腳。領是什麼，落又是什麼？右手旋著走圓向上，而身體往下，左手為

落，右手為領。出是什麼，入又是什麼？左手為出，右手為入。

左手掌掌心由西南方向轉向南，身體重心轉向左腳一領，身體隨著領勁起，左腳腳尖轉向南方。

右手隨身體下落至右腳跟，右腳尖內扣，身體重心隨左手的領勁、右腳的蹬移至左腳，右手自下而上，右膝出，右腳自下而上踢入，整個身體往下落，完成一個領和落。定時兩腳必須踏實。

意

1. 迎和抵（左手）。對方右手迎面一拳打向我鼻，我左手直刺對方腋窩，左腳同時蹬向對方，抵勁一出，對方即刻被推倒後仰，跌地上。

2. 開和合（右手）。對方右手迎面一拳打向我心窩或咽喉，我含胸，用開勁，引入對方打來的右手，右手拿住對方的上臂內側；用出勁，右手從後谿穴切入，並抓住對方打過來的手腕，化掉對方力量，擰住對方的手，同時身體下壓，對方即右膝跪地。

3. 出和入（右手）。對方右手迎面一拳打向我心窩或咽喉，我含胸，左手按住對方右肋，左腳回鉤，右手抓住對方手腕，身體起，右手出，順著對方打來的右手往上往後往外拽拉（入），把對方拽倒在地。

4. 領和落（全身）。對方右手迎面一拳打向我心窩或咽喉，我含胸，左手按住對方右肋，左腳回鉤，右手抓住對方手腕的內關穴，身體起，右手順著對方打來的右手往上往後往外拽拉。對方後退打算逃跑，我把右手順著對方的力量送出，身體自下而上，左腳外擺，同時右膝自下而上提起（領），頂向對方小腹（落）。

5. 開和合(雙手)。右膝提起，頂向對方陰部和小腹，而對方收胯躲避我右膝，我左手從左肋移向對方右肘並將其按住，右手抓住對方打來的右手內關穴，如同金雞捏嗉、抓蛇七寸。轉換：右手中指發力捏按，右手手腕順著對方的手掌背將對方右手手腕向內折疊，使其小手臂立起來，左手手掌向上頂住對方右手手肘，不讓對方動彈（開），身體一沉，丹田之氣和力發至雙手，左手向上、右手向下同時向相反方向出力（合），對方的手腕即反關節受制。

6. 領落也可以雙跌岔，主要發揮天機四大節八小節的妙用。

翻掌

理

要領悟「起鑽、落翻」的神意。

【歌訣】

趙堡太極十三翻，左顧右盼掌畫圈，

手到腳到身要到，擰腕壓肘敵即翻。

圖11

圖12

形

1. **拿住丹田找目標，五趾抓地上彎弓，神聚天根。**雙手掌根朝前迎去，神內斂，同時呼盡丹田之氣，做到頭直、身直、小腿直。（圖 11）

2. **雙手迎、左腳尖抵。**右手向上向後引，左手外旋用六陽上領（抵），同時，左腳腳跟隨身上蹬，使力同時爆發。（圖 12）

3. **周身翻滾，引進落空。**整個身體右旋，左腳翻轉落在右腳旁，右腳尖外擺，左手被拿。（圖 13）

4. **用入和出完成捨己從人，用「五行」左右配合。**周

圖13

圖14

身隨左手轉向左按去，氣呼出（周身下壓，面向東南），成定勢。要做到四順。（圖14）

意

1. **迎抵**。雙手迎，左腳尖抵。腿上、身下，身體向上，後仰一蹬，使對方失去重心而被蹬出去摔倒。

2. **領落、開合同時出現**。雙手迎，左腳尖抵。腿上、身下，身體向上，後仰一蹬，周身翻滾，左手抓住對方打過來的右肘，右手抓住對方的右手腕，把對方向上領起（也是開，順著對方打出的力），左腳翻轉落右腳旁（也是合，翻轉下落右邊時，對方被合力按倒），右腳尖外

擺，對方被掀起，隨之翻滾摔倒在地。

3. 入出。左手被對方緊捏拿著，即周身隨左手指向左按去，氣呼出，周身下壓，對方被推出摔倒。按的時候，左手由勾手展開變掌推對方。

第四式　懶插衣

懶插衣

理

這一式要與推手中的手法、身法、天機緊密配合，做到彼不動，己不動，彼微動，己先動，我意在先。

【歌訣】

懶插衣對敵從容，左催右發顯奇功，

腳腿胯腰一齊到，滾壓引化敵落空。

形

1. 保持「三直」找「六合」。雙手挾住丹田在左膝前，上式畢（推過去之後，周身下轉，面向正南方向），呼盡（再呼）。（圖15）

2. 坎離全由天機定（陰陽之化生），**快慢全由神意通**（動靜之機變）。雙手運行，左手是時針，右手是分針，和腳同時到位。左手往下，按住左胯，右手隨右腳往上往右同時到位。（圖16）

圖15

圖16

3. **左宜右有虛實處，心定意明，勁要整**。左手和左胯同時到位，使力發至右手掌心。

意

1. 用（右）胯打，身向上，胯下壓，可以將對方摔向任意一個方向，對方被壓而摔倒的方向由天機定。

2. 用右手催，右手隨右胯同時到位，左手按左胯，使力催發至右手掌心，將對方推倒，推倒的方向由天機定。

3. 雙手掐住丹田，身體下沉，右腳邁向對方背後，阻斷其後退的空間，右手與右腳同方向自下而上再落，畫弧打向對方胸前，左手按左胯催，右手向下的力和右膝向上的力將對方攔腰放倒。

第五式　如封似閉

如封似閉

理

這一式常在推手變化中體現，可用胯打、腳打、肩打、膝打、肘打。學會找生門和死門。

【歌訣】

如封似閉退為攻，即化即打敵全空，

水漲船高仔細研，前進後退隨人動。

形

1. 右手向上內旋，右腳尖內扣，以外三合為準，身向下，胯向前，用胯打。做到不貪不欠。（圖 17）

圖17

圖18

2. 右手下落找腳尖，右腳尖隨手外旋尋生門，氣收命門，上湧泥丸穴。（圖18）

3. 右手隨身體由下向上繞頭頂，同時右腳向右跨一大步，右手往前按，左手在胸前護心繞一圈。（圖19）

4. 舉步輕靈神內斂。手護心，腳鈎掛，周身齊到，成上彎弓狀態。

圖19

意

1. **胯打**。右手上內旋，腳尖內扣，以外三合為準，身向下，胯向前，用胯打。

2. **腳打**。右手、右腳同時隨身體由下向上，右胯外擺，力發腳跟鉤對方的腳，對方即失去重心倒地。

3. **肩打**。右手手腕和手肘被對方卡死，我手下落找腳尖，腳尖隨手外旋尋生門，氣收命門，右肩膀迎抵對方靠過來的胸部。

4. **膝打和肘打**。對方從右側用雙拳向我正面擊來，我以右手黏住對方手腕向下引化，同時提膝上打。假如我動被對方覺察，對方向後退走，我即進步按擊對方，對方向後跌出。

單　鞭

理

此式的虛實變化可體現在推手中的手、眼、身法、步，為左右應敵招式，連防帶打。

【歌訣】

重手法單鞭對敵，卸腕骨對方自跌，

左一鞭手腳齊到，右勾手掛化點穴。

形

左手引，右臂催坎離（迎抵）現，手領，肘壓，身翻滾（整個身體立身平移），左領右鑽背絲扣。

一動：左手向左向上引，拿對方左手腕，左腳隨之一大步。同時，右手臂內旋上催對方中節，右腳隨之（迎、領、開、出）。（圖20）

二動：周身下壓向左下方轉送，雙腳變實隨之（抵、落、合、入）。（圖21）

三動：右手被拿，即左入右出隨身右邁一大步，身左移呈現背絲扣（單鞭之形和老架之形的打法）。（圖22、圖23、圖24）

圖20

圖21

圖22

圖23

圖24

意

1. 對方從我右前方用拳打來，我雙手黏住對方腕（我左手抓其腕——領）和肘（我右手腕向左向上——滾肘），對方失勢後撤，我即上步周身下壓向左向下轉送。

2. 右手被拿，左前方又有人用雙拳向我頭、胸部打來，我左入右出隨身向右邁一大步，以左手臂向左前黏住對方雙手，身左移呈背絲扣滾轉後以掌向對方頭、胸按擊，同時右勾手柔化點擊。

3. **右手變白蛇吐信的打法**。當對方雙手拿住我右手肘下按且肘部感覺力量較大時，我可順勢將右勾手變掌外翻成右掌心朝上，直取對方咽喉；同時身體成右弓蹬步，助力右手完成白蛇吐信的打法。

4. **右手變迎面肘的打法**。當對方雙手拿住我右手肘下按且手腕感覺到力量較大時，我可順勢進身，用右肘正面攻擊對方胸部，或者進而用拐肘纏住對方雙臂；同時身體成右弓蹬步，助力右手完成迎面肘或拐肘的打法。

第七式　領　落

領　落

理

此式理解左右雙擒拿。

形

一動：右勾手變掌，以六陽下切至右膝內側，左手相反，以六陽上推至頭頂形成一圓，身隨之。（圖 25）

二動：左邊與右相同。（圖 26）

圖25

圖26

圖27

與第二式同，但面向東。（圖27、圖28）

圖28

意

1. **出入、開合**。單鞭的右勾手變掌以六陽下切對方打來的手腕（開和合呈現）將對方拽倒，左手以六陽上推至頭頂形成一圓，身隨之。左右兩邊相同。

2. **迎抵**。對方右拳打來，我左手六陽迎抵對方下肋；同時左手護頭部領對方打來的右手向身後落下。

3. **膝打**。對方右拳打來，我左手六陽迎抵對方下肋，左手護頭部領對方打來的右手向身後落下。對方意逃後撤，我隨之身起，右膝頂其小腹。

4. **開合**。我以右膝頂對方小腹，此時對方收胯躲避，我抓其隨右手起，右手抓其腕反折向下，左手掌頂住其手肘向上，同時發力，可使其手腕受制。

白鶴亮翅

理

體現屈、伸、就之功力。

【歌訣】

順手牽羊轉輕靈，提膝上打不容情，

螺旋引空肘擊出，進退全憑腰換勁。

形

1. 找目標，雙手雙腳同時迎抵，神內斂。（圖29）

2. 迅速下蹲，仿拿其頸椎脊骨；順手牽羊，使對方倒地。（圖30、圖31、圖32）

3. 被人困住，以右肩迎抵之機，完成偷宮移步之功能，後即用千斤墜穩住己身，以雙臂的開合之勢完成兩翅之形。（圖33、圖34）

圖29

圖30

圖31

圖32

圖33

圖34

意

1. 順手牽羊

找目標，右腳踏實，雙手上迎護五虛，左腳上抵。整身下落（沉），右腳趾抓地發力，周身向後縱去，完成順手牽羊後，左腳踏實發力向前躥去；同時，雙手後下撤至左腳尖前，向上畫圓於頭頂，隨身落至右腳前。

2. 偷宮移步（肩迎抵靠）

我右手腕、肘俱被對方抵住進攻，我即左胯向下後畫圓，引對方右肘尖隨我左胯轉動，右大臂內旋、小臂外旋，解脫對方雙手的攻擊，引對方之力落空，然後周身下沉，左腳隨身下沉之際向左後偷宮移步，後移踏實，雙膝扣緊，雙腳抓地，雙手交叉在胸前，左手掌在上，右手掌在下。

3. 白鶴亮翅

右肘尖隨身向右、向上、向前，由身、右腳向對方正門擊去，雙肘尖同時找右腳尖，形成了白鶴亮翅。

摟膝斜行

理

以拿還拿，胯肩齊到。

【歌訣】

摟膝斜行四方管，對方拿我以拿還，
胯肩齊到插足上，螺旋轉動敵跌翻。

形

1. 找方向，切對方手腕。（圖35、圖36）

2. 背折靠，擒拿迎面擊來一拳。（圖37）

3. 左手化，右手直取迎門，童子拜佛狀。在雙腳虛實變換的過程中，胯與上身也虛實變化相隨，左手下化，右手直取迎門的過程中，整個身體呈前與後、陰與陽的太極圖。（圖38、圖39）

圖35

圖36

圖37

圖38

圖39

意

1. **擒拿**。對方用右手拿我右手腕，我用十字手（手要展）卸開反拿對方手腕，全身下坐，對方即失去抵抗力。若在全身坐下時將對方右手卡在我右腳膝為支點，對方右手可被壓裂受傷。

2. **肩打**。假如此時又一人從左側雙手向我打來，我側身進步管住對方雙足，以左肩擊其胸前。

3. **打化**。假設另一人迎面用拳擊來，我收右胯含胸躲避之，同時左手向下勾化對方來拳，右手掌上旋以胯轉之力推送對方。

4. **胯打**。假設我半蹲時被敵從背後抱緊，我右腳實左腳鬆，右腳抓地，以丹田之力以胯帶左腳向左邁一大步成弓步。對方就被胯移動的力量推倒。

開 合

理

三節聚勁，猛虎撲食。

【歌訣】

太極奧妙開合中，一開一合妙無窮，

三節齊聚勁要整，猛虎撲食快如風。

形

一動：用迎抵化對方擒拿，借機反拿對方。（圖 40）

二動：以拿還拿，以退為進直取迎門。(圖 41、圖 42)

圖40

圖41　　圖42

意

1. **借力打人**。對方雙手拿我右手腕，我右手迎抵，尋找出對方的出力點、發力點後，旋我右手腕化之，同時借機反拿對方。

2. 對方雙手拿我右手腕肘，我右手旋轉化開，兩手隨即向前用合勁把對方按倒。

琵琶式

理

此式是散打。抓地來完成一過二打。此式明顯是太極拳中的打即化、化即打，是同時完成的，用的是躉法；是趙堡太極拳中一動十三勁俱現的典型招式。練習中一定要做到一圓、三直、四順、六合。

【歌訣】

手揮琵琶轉活圓，意勢相合氣騰然，
左手勾化右點擊，發敵全在一瞬間。

形

1. 身體內轉，左腳跟實，腳尖內扣，上迎化，下擊打，左手上迎，滾化解脫對方的迎面捶。

2. 右手指直取對方下肋、心窩，同時右腳直蹬對方小

圖43

圖44

腹。（圖43、圖44）

意

1. 對方右拳迎面打來，我左手迎，右腳蹬對方小腹，後退時左手旋腕變勾手向左下圓轉鈎掛開，將對方打來的右拳下按，左手鬆下來被對方拿住。

2. 上彎弓、神內斂。必須聚精會神，動作輕靈、敏捷、利落，體現出展要展得開，屈要屈得下，越屈緊，爆發力越強。此式是合、開，不是吸、呼，而是呼、吸。須深悟。

3. 落腳時如樹盤根，起腳時如山崩地裂。打即過、過即打其理通也。以意指揮，以四肢知其化。

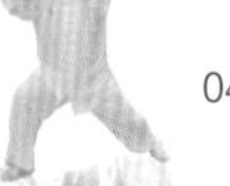

第十二式　摟膝腰步

摟膝腰步

理

此式是敗中求勝法，即拿哪兒鬆哪兒，胯襠勁出。橫面走圓，丹田、胯、肩膀以及整個身體走圓，意念在肩，肩是「手」，實際上是挨到何處何處擊，迎對方，使其抓空，抵敵。

【歌訣】

對付擒拿有妙法，拿哪鬆哪氣不發，
進步管足沉腰胯，腰襠勁出敵根拔。

形

1. 左勾手被拿住，左肘被對方右手按住向下按。

2. 我周身隨即用挨到何處何處擊之法，周身下沉，用急隨之法破之。

3. 同時出左腳找對方之倒下點（對方之左腳跟）。（圖 45）

4. 周身形成下化上擊之圓，左肩、胯擊之。

5. 右手掌隨身之動從頭頂擊對方面部後按到左膝內側變掌。（圖 46）

圖45

圖46

意

1. **塞瓶口**。琵琶式成被拿，左手被敵拿住，左肘被敵右手擰住，先懂敵雙手的發力點在何處，意左肘尖下沉化對方壓力，使對方不能發力。左手臂三節隨身體三節而動。我左手被擨住時，左手三節全給對方，腰胯下沉時尋找對方的著力點、發力點，胯下沉時化之。

2. **身要欺人，步要過人**。左肘尖接力點迎，左肩抵，左腳扣敵左腳跟，鬆右天機。

3. **氣貫四梢**。右天機發力，左肩上抵，右腳著力。左肩外旋，右掌變拳向上找對方迎門。對方雙手擨住我左手腕肘，我鬆肘鬆肩，腰胯下沉，上步管住對方後腳跟，將對方向左側靠出，用胯襠之勁。

第十三式　上步十字手

上步十字手

理

單腳抓地穩，氣斂入襠撐。此式破解前後三人，化解迎面之擒拿，一式破三方來攻。

【歌訣】

單腳抓地如山穩，氣斂入骨襠要撐，

手腳齊發敵招空，提膝十字防周身。

形

1. 右手掌隨身體用力下按，然後外旋向上至鼻尖，右腳尖翹起。

2. 同時，左勾手變掌，隨身向上內旋至頭頂，左腳尖隨身翹起內扣。（圖47）

3. 身、手臂的滾壓破除身前的拿手和後側的來捶。

4. 同時，右腳掌原地向上畫圓，拿化正面之捶，落入左膝上，腳底斜向下。

圖47

5. 下按之右掌向上推出到胸前護前心穴，頭頂之左掌下落，與右掌根成十字手，反拿住對方之擒拿手，成童子拜佛之式。（圖 48）

圖48

意

1. **左手黏化**。一人從我身後用拳打來，我左手黏住來拳，隨左腳領起身體將來拳向前領去，其即向前撲、跌倒。

2. **右手擒拿**（開合）。一人右手拽住我右手腕，我收右胯，同時右手掌隨其力下按化力，再將其手腕擒拿。

3. **右腳擺擊**。另一人用右拳向我迎面擊來，我起右腳向前擺擊其來拳，倉促間使其被踢、跌倒。

第十四式　摟膝斜行

摟膝斜行

右腳從左腳尖前落下變實，腳尖向東南，交叉手向右摟膝斜行膝外下落。

其餘動作與第九式摟膝斜行相同。

第十五式　開　合

開　合

與第十式開合相同。

第十六式　收回琵琶式

收回琵琶式

理

有招似無招，隨它之力勁路化之。抵、迎、落、領是太極的絕妙。

形

1. 臂護困門穴和分水穴。（圖 49）
2. 周身後仰化解對方之力。
3. 領與落過程中的反擒拿。

右胯下沉，右掌上抵。

掌心向上外旋變立掌。（圖 50）

意

對方右手拳從我右側打來，我右手掌迎化對方的右拳，右肘護頭，叼手往後同時周身後仰，右掌心向上外旋，如蛇之首將對方纏住，順著對方的力度上滾引化對方之力，右胯下沉，左腳轉向對方，左手抵對方下肋下海穴，左手如蛇之尾黏住對方的手臂，雙手反擒拿，右腳由虛轉實，周身下落將對方制伏。右腳蹬，左腳形成了「塞瓶口」，周身翻轉時感覺呈現太極圖。

圖49

圖50

一動：迎抵和出入。右手叼對方的手向上向後化對方打向我頭部的右拳，左手迎抵對方下海穴將其催倒。

二動：周身翻轉，雙手反擒拿將對方按倒。

第十七式　摟膝腰步

摟膝腰步

與第十二式摟膝腰步相同。

第十八式　上步十字手

上步十字手

與第十三式上步十字手相同。

第十九式　摟膝高領落

摟膝高領落

形

1. 上式的上步十字手成式，右腳從左腳腳尖上與左腳跳換後落下變實，腳尖向東南，交叉手向右膝外下落。（圖 51）

圖51

圖52

圖53

2. 含胸，氣經命門到泥丸穴，收右腳，雙掌合為雙拳、拳心向裡，氣沉丹田。動作呈大鵬展翅狀。（圖52）

3. 右腳踏實，左腳變虛，左拳變掌，手心向上，置右拳下約一寸，兩手一起落到腹前。左掌在臍下，右拳在臍上，定。此時，氣感由左手心通過右拳拳眼往上達到天根。（圖53）

意

1. **跳換腳**。

2. **開與合**。大鵬展翅，雙手擊打對方腦袋。

3. **領與落**。

4. **建前堂**。對方以匕首直刺我心窩，我以右手抓其握匕首的右手腕，順其力，用我右肘推其刀鋒向對方咽喉刺去。借對方後仰之機，我左手心上抵對方肘尖，右手乘機下捌折其右手腕，使其匕首脫手，我隨拿匕首向對方心窩刺去。

束手解帶

理

上下相隨，隨手化打。

【歌訣】

身手被捆心莫慌，纏絲換勁身俱開，
上下相隨合一力，隨手化打如解帶。

形

1. 含胸收肋，兩肘尖隨身下沉，從肋下滑入小腹前。（圖 54）

2. 雙掌屈腕，兩手掌由下向上到面前，左腳抓地，命門後收，同時右腳跟向上向後擊對方，向後超出後臀四指為準。（圖 55）

3. 雙手隨身體下沉，命門後收，雙手抓向面部並向下按，向左右撐開，後臀往上掀成騎馬蹲襠步。（圖 56、圖 57）

圖54

圖55

圖56

圖57

意

1. **胸向前、臀向後而向對方翻滾**。對方從背後用雙手捆住我雙臂和上身，手臂形成了兩個力點被對方卡死。我含胸以背部抵住對方胸部，雙臂由肘尖順著對方的力沿著自己的肋下落，兩小臂外旋併攏上抬，兩手臂向上向外抵，引化對方力點。在身體往下落的同時，尾椎猛撞對方小腹，兩手掌向內旋卡住對方雙手手臂外引，同時我背貼著對方的身體乘機下移，緊接著後臀往上掀、尾椎向上抬，將對方的重心往上移，使對方身體被架空而栽倒。我以手、背、襠、臀的力貫通一勁把對方倒栽扔到我面前。

2. **右腳跟後踢**。用腳跟擊抱我後腰之人的陰部。

3. **雙膝往外撐，借力打人**。借對方之力化之，達到對方從我背後栽到我面前之目的。找出著力點和化力點。對方緊抱時，我含胸，身體收縮下沉化之。對方的力往上，我意發雙膝往外撐、鬆胯、命門頂上對方腹部，即使對方隨勁往上掀。

伏　虎

理

身形變換，陰陽之化生。

【歌訣】

採挒手，化去兇猛勢，肘與肩，沾擊腹與胸，

剛柔濟，驚彈走螺旋，伏虎勢，左右閃披精。

形

1. 接上式，雙手在承山穴，隨即右手同時隨右腳向右邁一大步，右手跟隨，右手變手心向前，成右弓蹬步。左手在左膝前。（圖58）

圖58

2. 左手隨身向後向上推至頭上左側，左手向上推至頭頂後按右膝前落至左胯角。（圖59、圖60）

圖59

圖60

圖61

3. 這一式顯示出整體的圓。

收右胯，右手變拳，右肘向自己的心窩靠，側右身往後轉圓，左手向右腳尖方向落，按在右膝前，右胯向後轉動，右手肘起，與左手向下的力同時打成一股勁。鬆胯轉身，使左手和右手不撇。兩個手像輪子一樣掄成一個圓，成式時左胯收，左手肘尖、眼光、左腳腳尖成一條直線，外形如「武」字狀。（圖61）

意

對方從背後抱我，我用左手黏住其左小臂外撐，右肘向其胸部擊出，趁其身後移，我乘勢以右手抓住對方襠部

（大腿內側肌肉），用肩貼對方心窩處，拔起對方的根，向前方擲出。

擒　拿

理

順勢借力，反拿關節。

【歌訣】

太極擒拿手法異，順人之勢借人力，
任他巨力來拿我，反拿關節敵倒地。

形

1. 周身發力至右拳底，周身向前壓。（圖 62）
2. 左手壓在右手背上，外旋擒拿我右手臂之手。
3. 配合周身以拿還拿。雙手放在右膝上。（圖 63）
4. 出左手先解開右拳之困。
5. 四順，左手和右手不撤。

意

1. **手腕擒拿，出入、開合**。對方右手擰我右手腕，我用左手按住其右手背，兩手上下將其手腕夾緊，順對方之勢反拿其關節，對方即撲倒。

圖62

圖63

2. **肘擒拿，出入、開合**。對方雙手拿我右手與肘，我用左手按住對方任意一隻手的手背（意想對方哪隻手容易受制就按其哪隻手），手肘將對方手腕夾緊，順對方之勢反拿其關節，身體迅速下沉，將其手腕反制。

指因捶

理

寓上意下後天還。

【歌訣】

屈緊伸盡勁要崩，不貪不欠步輕靈，
護中反打指下陰，身手齊到方為真。

形

1. 接上式，右膝提起，左手心托起右拳弧形上提，高與鼻平，左手心和右拳心均向內。（圖64）

2. 右腳向前邁一步，下蹲變實，左腳跟上半步虛觸地面，同時，右拳內旋從鼻尖向下向前打出，拳心向下，拳眼向左，左拳緊貼右手腕處。二捶合一，置右膝前上方。（圖65）

3.發捶要懂得方向，要四順，再二捶合一（注意拳捶

圖64

圖65

不要超出右腳尖，整個身體不能下坐，右腳往上蹬倒對方再向前踏）。

意

1. **二捶合一**。右手腕被對方抓住，我收右胯，左掌按住對方放在我右拳上的手，左掌托右拳背，同時隨右腳上提，右拳左掌由臉部向內向下隨右腳向前，再雙手拳合二為一擊其腹部或襠部。

2. **右腳蹬踩**。右腳上提蹬對方胸部，向前跨一大步變實。

第二十四式　迎面捶

迎面捶

理

左拳防雙抓，右拳擊後防。拳肘同時使用，此式是雙重。

【歌訣】

左手一拳防雙抓，右拳迎面擊太陽，
一防一打一開合，妙手一著一陰陽。

形

1. 接上式，身左轉隨即左肘尖擊對方心窩。

2. 雙拳由下而上，向左畫圈至頭前，右拳心向外，拳眼向下，與額同高，左拳心向下，與鼻同高。

3. **定**。右拳在上在前，左拳在下在後。

4. **四順**。腳跟不能動（不是躥步出去，腳步不能邁出），漲身，雙腳尖向左轉變實，面向正南，左肘尖隨身以下向上向左，眼睛看正南。（圖66）

意

1. 對方從後背撲過來摟我，我轉身，左肘擊其胸部，右拳擊其面部。

圖66

2. 對方從正面用雙掌向我面部抓來，我以左拳開，迎抵對方雙手，以右拳捶擊對方太陽穴或者對方面部後護自己臉部。

肘底看拳

理

此式是連環採拿方法，以身肘滾壓拿之。轉胯活腰，雙拳連環。

【歌訣】

拳在肘底內藏凶，轉胯活腰閃正中，
左拳橫打右卸骨，雙拳連環顯神通。

形

隨身左轉成左步虛右步實之式（雙腳以腳跟為軸）。同時，右捶內旋落至左肘尖和左膝蓋中間，左捶外旋，隨身轉至與鼻尖平。肘、膝、捶成一直線，身體下坐，左腳提起腳尖點地。（圖 67）

意

1. 對方從左側用雙手抓住我的左手腕並向上卡住我的

左手肘，我轉身，同時，用左手迎抵並按壓其雙手，反抓其左手腕；右手反掛其左臂肘下部，自下而上滾壓之，將

圖67

對方反轉身體，再擰其手臂向內扣，左手向外壓。這一內一外的兩力促使對方因左手手臂被擰折而不能動彈。

2. 滾打，肘壓（左肘滾扣、右肘壓），上護面，膝護陰，拳直取對方心窩，左手打他的面部同時護自己的面部，右膝護陰頂其腹。

倒攆猴

理

以退為進，移動要靠丹田動。此式是套路中四大凶招之一。一定要做到不撇、不停、不流水（沒節奏，永無效用），身形不可忽高忽低，雙腳一定顯示出鈎、掛、鏟、蹬，腳出和回的路線剛好成背絲扣。

【歌訣】

倒攆猴以退為進，三環發圈中套圈，

身騰挪機關在腰，四梢動全憑丹田。

形

1. 左捶變掌下按與肚臍平，在左膝上方。右捶變掌隨身後收到右腹前，左腳變實抓地，右腳變虛在左腳旁。（圖 68）

圖68

圖69

2. 右腳向後向外鏟出變實。

3. 右手向下、向後、向上至頭頂，下按至左膝內側。（圖69、圖70）

圖70

圖71

圖72

4. 身體不能有起伏。

5. **鈎**：腳鈎著對方的腳往回走，腳尖往裡扣著往外鈎，將對方腳跟鈎住，力點在前腳，貼著地鈎，而不是腳起來才鈎。

掛：腳收回來，退步回走的腳要懸掛著，不可以著地。（圖71）

鏟：抬起來的腳不能著地，快速鏟和蹬出去，成一股力而不是斷成兩股力。

蹬：腳尖和腳跟鏟後同時蹬。（圖72）

以上的整個鈎、掛、鏟、蹬形成了圓和背絲扣。

意

1. **鏟，就地打倒法**。我左手拿住對方左手腕，右手按其左手臂根部，將其往我左方按，同時就地以右腳（外側）橫鏟其左腳，對方即失去平衡摔倒。

2. **將對方往回打**。收右胯以右膝頂住對方左腳，同時我左手拿住其左手腕，右手按其左手臂根部並往我左方按，對方即失去平衡摔倒。

3. **倒攆猴典型的打法**，也稱大背胯打法，此招兇狠。對方用雙手向我迎面按來，我以右手臂迎抵其雙手，不讓其覺察我正要起來，左胯後閃，左手領其左手，右手從其身後抓其右腰肌肉，身體下坐，右腳迅速插入其兩腿之間，用右臀胯抵住其小腹，對方即從我左膝前栽倒。左右意相同。

第二十七式　白鶴亮翅

白鶴亮翅

由倒攆猴變白鶴亮翅時，動作要連貫。（圖 73、圖 74、圖 75）意同第八式白鶴亮翅。

第二十八式　摟膝斜行

摟膝斜行

與第九式摟膝斜行相同，區別於正面斜行。

圖73

圖74

圖75

第二十九式 開 合

開 合

理

身帶手轉，反拿肘擊。轉方向、繞步。捨己從人，不丟不頂，身體立圓，左腳實（或者提右膝）擊取其陰部。

【歌訣】

身帶手轉應萬變，三節相顧記心間，
梢領中隨根節催，反拿肘擊靠迎面。

形

1. 左腳尖內扣變實，右腳向左收回半步，身體轉向南。同時，右手外旋向右、向下畫弧落右腿內側。左勾手變掌外旋，手心朝外，由下而上經頭頂，在面前下按落於右掌根處，手心向下。（圖76）

2. 身體向東北方向轉動，右腳提起，隨身向東北方向踏出一大步變實，左腳提起跟上半步。同時，右臂內旋180°，手掌在襠前，指尖向下。左手心向下，手向右推提至右肘前。（圖77）

3. 合的時候，身轉，右手下按至地面，整個身體向下壓低，右膝頂敵陰部。

圖76

圖77

意

1. **欲擒故縱，迎抵**。我右手與對方左手兩手掌相頂，右手迎抵，找其出力點，蓄其力，右手不動，收右胯，左腳跟內轉，立圓轉身，整個身體下壓，對方即被丟出我左膝外。

2. 對方雙手外抓我右腕肘，我順勢以雙手反其腕肘，以迎面靠，靠擊其胸，使用要一氣呵成，不能有斷續。

3. **捨己從人**。對方雙手外抓我右腕肘，我右手不丟不頂，身體立圓，鬆右胯收右腳，立轉，身體順其力後轉即下蹲，左腳實（或者提右膝）擊取其陰部，右手隨之（摟其後腰）。

4. 我左手放在對方右手肘上，右手拿住其右手腕內旋下引至左胯前，右腳旋起繞到對方右腳後，並用腳跟向後踢打對方右腳的承山穴，同時用右肩靠打其右胸乳盤穴。

第三十式　海底針

海底針

理

此式化解周身被困。

【歌訣】

陷入困境解法妙，垂肩滾臂坐腿腰，
抽臂擊採一氣成，海底探針無虛招。

形

1. 左手掌心朝下，滾壓下按，右手上抽。

2. 含胸，右手上抽，從自己胸前向對方面部擊去，然後下探自己海底穴底的對方的右腳踝，並向前向上拉，我臀立即坐下使對方倒下。（圖78）

意

1. **右手迎面擊之**。對方雙手抓我左手腕肘，我含胸拔背，左手臂（被對方捆住是沒有力的）順其力向下滾壓化其力，抽出右手迎面擊打對方的臉鼻處。

圖78

2. **臀坐**。接上，另一人在我身後抓我左手臂，我把左手給對方，右手下探我海底穴下，抓住對方右腳踝上抬，順勢身體下蹲臀壓，對方即倒下。

閃通背

理

此式既是道家養生法中的養身固腎法，亦是在推手中經常應用的全式大迎大抵，翻轉整個身體的立圓動作。用體內的軸輪化打對方右手攻擊。常用於對付多人的打擊。

要做到混圓與三直的配合，滾動時以四肢為輪。

【歌訣】

太極閃通背法精，擊人周身都是圈，

旋轉三百六十度，十三法用一瞬間。

形

1. **迎和抵**。接上式，右腳實，左腳尖懸，左腳邁一大步，左手隨身體往上迎頂，右腳跟上懸起、點地，同時左手抵。（圖79）

2. **領和落**。360°急轉身，雙手翻轉領周身下落，雙手翻轉落在左膝前，左腳實，右腳尖懸起虛點。（圖80、圖81）

3. **入和出，開與合**。邁右腳往後一大步，以天機帶動身體和雙手往後方成右弓步，右胯轉將身體拔起，帶動身體翻轉，雙手向上向前撲，右腳實，左腳尖懸點地，上彎弓，定。（圖82、圖83）

圖79

圖80

圖81

圖82

意

對方迎面向我擊來，我進步用雙手黏其腕肘，身速轉360°，將其手肘反架在我肩膀，臀黏對方的胯，將其擊出或折其手臂。

圖83

如封似閉

理

順項貫頂兩膀鬆，束肋下氣把襠撐，威音開勁兩捶爭，五趾抓地上彎弓。

虛中有實，實中有虛。陰陽轉換，陰中有陽，陽中有陰。回歸自然界。

形

接上式，全身下落，左腳後撤變實，雙手、右腳和身隨，氣收命門，右腳邁一大步變實，左腳、雙手和身體隨之撲向前，氣由命門拔起到泥丸穴沉入丹田，右腳實，左腳虛點，上彎弓，定。（圖 84、圖 85、圖 86）

意

整個身體起伏和手腳同時連貫成立圓，一氣呵成，如餓虎撲食。

餘同第五式如封似閉。

圖84

圖85

圖86

單　鞭

理

去僵力，變柔順。

形

1. 左腳向左跨一步，抓地變實，鬆胯，帶右腳往左方移動、虛點地。

2. 雙手分上和下，距離為一個手肘的距離，右手隨而上催敵肘。

3. 身體下壓時，右肘滾壓，雙腳變實，雙腳尖左轉向左後方推出。

4. 右手變抓手，左手掌推，沿著腹部自左往右推。右腳實，左腳虛點。

5. 鬆胯，左手自上而下推向左方，右抓手自下而上推向右方。

6. 定。三直四順，右腳內扣，左大腿踏平，懸頂，拉開腰間的關節。

意

與第六式單鞭相同。

第三十四式 雲　手

雲　手

理

此式為防守方法，任何人從前面、左、右打來，我都能以雙手畫圓防範；用天機的變化，動靜機變化之，是套路中四大兇狠式之一。

【歌訣】

雲手運行如兩輪，兩輪全在一環中，
天機隨腰千萬變，背絲扣玄影立現。

形

1. 單鞭成式變雲手。借周身下沉之力，右手由勾手變掌，手心向下畫弧，按至右胯前，掌心向下，右腳尖內扣畫圓、變虛。

2. 左手掌心向上按出，左腳尖外擺，五趾抓地變實，頭上頂，臂下沉，鬆開脊椎骨壓住的腰骨，這樣，右入左出，右落左領，左迎抵，右開合。（圖 87）

3. 一手下按的同時另一手上領。身、腳隨之，不能停頓。

4. 打出立圓。要注意這一動作，做出了太極圖，還做到了背絲扣的運行。（圖 88）

圖87

圖88

意

對方右拳向我面部、胸部擊來，我以手黏其手腕，向左右上下領落開合出入迎抵均可。

此為險招，以巧取勝，更是由生門化去困境。要求步伐有根。

第三十五式　腰　步

腰　步

理

步要過人，身要欺人，手要吃人，意要勝人。

【歌訣】

腰步式簡威力大，上步進身用腰胯，
緊接雲手意連貫，巧勁黏走把人發。

形

接上式，兩腳同時往左前方，形成躥勁。手和腳在一條線，繞著找對方的後腳跟（倒下點），周身同時向左壓去，成左弓蹬步，右手按在右胯前，右胯下沉。要按成圓。（圖89）

圖89

意

左手臂黏住對方雙手上引，左腳繞對方身後扣住其左腳跟，對方即失去平衡，我雙腳上躥力達左手掌外側，右手按向對方的胸部，胯肘將對方推倒在地。

第三十六式　高探馬

高探馬

理

此式在推手中很重要，是意上寓下的標準招式。

【歌訣】

高探馬用折疊勁，雙手上下順圈滾，
腳鈎進身上下隨，人倒恰似樹斷根。

形

1. 接上式，重心移向右腳，左腳收回半步，腳尖點地。

2. 同時，右手轉手心向外、向後、向上經頭頂畫弧落到右胸前，左手畫弧內旋收回左腹前。（圖 90）

意

腰步的左弓蹬步若不能將對方按出，即收左腿鈎對方的右腳，左手以擒拿按住對方的左手，右手拿住對方的左肘，周身向後旋轉將人擲出。（注：以胯轉動騰出空間）

圖90

第三十七式　轉　身

轉　身

理

擒拿動作中常用的險招，以身法為主。

【歌訣】

雙腳盤根主在腰，腰動四肢轉如輪，

前後左右上下管，四面八方能發人。

形

1. 雙手抓住對方右臂向下向右畫圓化其力。

2. 起左腳蹬對方之右肋下，右腿微屈（身體領起稍後仰，以屈伸蹬向對方）。（圖 91）

3. 對方閃化我的左蹬腳，以雙手制我右手腕肘，我順勢左轉身左腳落地，抓地變實，進步將其擊出（雙手抓對方右手隨身外旋向上猛舉，雙手舉過頭，隨身體起來直接往右躥出）。（圖 92、圖 93）

4. 注意雙拳，拳頂與拳眼相對。手隨腰轉圓，以身體轉動壓倒對方。（圖 94）

意

在一步四打中靈活應用。

起、鑽、落、翻的運用。

圖91

圖92

圖93

圖94

第三十八式　右拍腳

右拍腳

理

意上寓下後天還之意。

【歌訣】

神舒體靜身中正，氣沉勁蓄腰胯鬆，

輕靈活潑下引淨，肋下一腳發不空。

形

接上式，雙手由拳變掌，身體下蹲，雙手隨之畫圓，右掌前左掌後疊在一起往外推，右腳往上踢，腳找手。（圖95）

圖95

意

引下打上。對方雙手抓住我的右臂向前按我，我即向左下引化，右手掌迎面擊去，右腳上踢直取對方咽喉。

第三十九式 再轉身

再轉身

理

左宜右有虛實處，以身壓人。有左既有右，演練出太極一圓。

形

1. 接上式，右腳紮地、身轉，雙手指尖相對，隨身體畫圓，雙掌變雙拳，落下到膝前。（圖 96）

2. 雙拳隨身體向下、向後、向上、向前畫圓，在額前雙拳出擊。（圖 97、圖 98）

圖96

意

同第三十七式轉身，方向反之。

右手拿住對方左手掌，拇指按住對方

圖97

圖98

掌心，左手四指加按在自己右手的拇指上，左手拇指壓在對方的掌根部。同時，隨身體以胯帶動向右、向外、斜向下按壓，使對方倒地。

第四十式　左拍腳

左拍腳

同第三十八式右拍腳，方向反之，有左即有右，演練出太極一圓。（圖99）

圖99

第四十一式　雙風貫耳

雙風貫耳

理

借周身的屈伸之力，以右腳跟為軸，轉動自如。哼哈之氣此式定要努力來悟。

【歌訣】

顧前盼後觀六路，分臂向上墜下身，
誰敢向前來擊我，雙風貫耳膝打陰。

形

1. 接上式，左腳從空中屈膝收回腹前，懸起，雙掌外旋變拳收回胸前，肘落肘窩，拳心向上。（圖 100）

圖100

2. 以右腳跟為軸，周身向下、向左、向後旋轉，懸腳不變。

3. 同時，雙拳經胯關節左右分開，向下向上、經面前劃一大圈至胸，拳頂相對，拳眼向上。（圖 101、圖 102）

圖101

圖102

意

迎擊背後來擊之人。對方從背後向我撲來，我急轉身雙拳用合勁擊對方雙耳，同時提膝上擊對方下部。

第四十二式　旋腳蹬跟

旋腳蹬跟

理

力擊三處，雙拳一腳旋擊，出拳三分，收拳七分，即出拳為吸，收拳為呼，腳蹬不超出拳眼。哼哈二氣妙無窮（在吸呼中體現）。

【歌訣】

雙臂被撅心不驚，順勢螺旋左右分，

瞅準五虛手腳發，平打心窩下打陰。

形

1. 雙拳在胸前內旋轉，拳心向下，繼續內旋，向左右分擊，臂高與肩平，拳心向後，拳眼向下。

2. 左腳向左方蹬去，腳心朝左，腳尖朝上，高與左拳拳眼平。（圖 103）

3. 雙拳與左腳沿原路旋轉收回。定。

圖103

意

同時擊倒左右之人。左右兩人同時拽我左右兩臂肘腕，我雙拳順勢發抖勁向對方心窩處擊去，上用（拳）捶打（其心窩），下用（左）腳蹬（踢其下部），則左右兩人均被擊出。

第四十三式　三步捶

三步捶

理

連續進攻的動作，手腳並用，配合身體的轉動跳躍，一招三打。

【歌訣】

連環扣打招法凶，搖滾擺彈一氣攻，
虛實轉換要輕靈，身手腳到即成功。

形

此式可打出兩種形：

分段的形

1. 左腳向左邁一步，腳尖向左，形成左弓步。同時，左拳弧形向左擺擊，拳心向上，與左腳相對。右拳外旋弧形落到右腹前，拳心向上。（圖104）

圖104

2. 左腳抓地，右腳提起，向左膝前踏下，落在左腳尖前，腳尖向西北方向，左膝與右膝窩合。同時，右拳由下向上、向左畫弧形收至胸前，拳心向上。左拳隨身弧形收至身左側，拳略低於肘，拳心向上。（圖105）

圖105

圖106

3. 左腳向前邁一大步，成左弓步，腳尖向左。同時，左拳由後向上、向前畫圓弧擺到左胸前，拳心向上，拳略低於肘。右拳畫弧收回右胯前。（圖106）

連續攻擊的形

此式較兇狠，慎用。

意

此式是連續進攻法。對方以右拳向我胸前擊來，我上步以左臂滾化對方來拳，提右腳踩對方踝骨，以右拳擊其面部，對方退，我速進步擊，即上左腳向前躥一大步變實，左拳從身後掄圓砸對方面部，對方在連續攻擊下被擊出。

青龍探海

理

身體背後擊人，起伏配合，顯示臀的威力。

【歌訣】

背後抱摔險不危，尾閭發動周身隨，
肩胯背脊皆能打，青龍探海顯神威。

形

1. 右拳向上、向前畫圓弧向左膝內側打下，低於膝，以擊地為最好，右肩微內扣。（圖107）

2. 左拳內旋打向後置左胯旁。

意

1. **臀擊**。對方從背後抓住我雙腕，抱我要往左摔，我順勢轉臀上打，扣內肩，對方即被我拔根而起，向前摔出。

2. **側身出入打，左臀上頂，右手下領**。對方從背後被我抓住其雙腕，我身體黏其腹順勢轉臀上打，右手領著對方的手向左膝內打，扣內肩，左手抓其左腕內旋順勢向後，對方即被我左臀頂、右手領而失去重心，向前摔出。

圖107

第四十五式　黃龍轉身

黃龍轉身

理

身的滾動，肘的應用，解脫背後的進攻。

【歌訣】

黃龍轉身破後敵，雙胯變換人不知，

周身圓轉合一勁，胯滾走化起肘擊。

形

1. 雙捶同時下按轉向面前，拳心向裡。（圖108）
2. 雙拳隨身由左轉向右後方。
3. 右腳變實腿向前，左腳跟上成虛步。
4. 雙拳同時在胸前，右拳在前，左拳在後。（圖109）

意

轉身胯坐。對方用雙手從背後將我身捆住，我發力於左腳跟，傳導到胯，胯後坐，以胯化開對方，同時以右肘擊其肋部，對方即向後翻出。

圖108

圖109

第四十六式　霸王敬酒

霸王敬酒

理

挨到何處何處擊。全由身體的收放、迎擊解脫困境。

【歌訣】

丹田滾動帶臂腕，一呼一吸周天轉，

擎起彼身借彼力，敬酒一杯敵後翻。

形

做到勁整、神聚。雙臂交叉之力聚於雙手腕和右腳。

1. 雙拳同時由下向上劃一圈。（圖 110）

2. 右腳向後移半步，又向前跨半步變實。

3. 身隨之，雙拳隨身向前按去。（圖 111）

意

出入。對方雙手抓我雙手向面部按來，我以身引化即以雙拳向前發力，對方即跌出。

圖110

圖111

第四十七式　二起拍腳

二起拍腳

理

虛實難料，假真並用的擊法。左腳不中右腳中。

【歌訣】

雙臂上掤來手封，腳發二度如雷迅，
進圈欲變來不及，左腳不中右腳中。

形

1. 起左腳上踢，是虛。（圖 112）

2. 伸出右手，起右腳上踢，至右掌心，是實。左右腳起跳先後連貫。（圖 113）

3. 雙手上撐，助自身上起，左腳落地，全身下落，要低。

意

二起拍腳要以左腳尖猛踢對方心窩，對方沒有防備為實，若對方閃過，即以右腳踢對方胸和面部。

圖112

圖113

第四十八式 跳換腳

跳換腳

理

意上寓下後天還。你擊對方上部，就要防對方擊你下部。

【歌訣】

凌空欲墜防腿掃，左右換腳擊身後，
雖是怪招卻不怪，隨心所欲中敵頭。

形

1. 左腳用力上跳，踢自己右臀部。
2. 同時雙手助身上升，從頭頂分臂平。（圖 114）
3. 右腳落地變實。（圖 115）

意

身後有人以腳掃我左腳，我換右腳著地，提起左腳躲過對方，以左腳向身後踢去，腳發必中。

圖114

圖115

第四十九式　分門樁

分門樁

理

接前面的意，手臂上滾動的擊法。

【歌訣】

雙拳擊我分手黏，纏繞絞轉不丟頂，

合膀跟隨順勢取，進身合勁刺中門。

形

1. 周身下沉，雙手從左右兩側落至雙膝外側，左腳尖點地，落至右腳旁。

2. 雙手交叉成十字手，隨左腳向前邁一大步，雙手指不超過腳尖，成左弓蹬步。（圖116）

意

1. **迎抵**。對方雙拳向我胸部擊來，我雙手黏住對方雙手向兩邊化開，繼續迎抵向內纏繞向對方胸部，擊倒對方。

圖116

2. 分門。兩對手並排在面前抵擋我前進，我以雙手交叉成十字手抵（插）向兩人之間，從丹田發力直接衝散他們。

第五十式　抱　膝

抱　膝

理

續分門樁，為前打後背猛擊後面之攻勢，遠用梢節，近用膝打的要領。黏化外撐。

【歌訣】

應敵招數數不清，雙手擊來採扨迎，

黏化外撐提膝打，不處險境不亂用。

形

1. 交叉手左右分開，在胸前成抱斗式，隨左腳後收至右腳前。（圖 117）

2. 雙手隨身下沉蹲下，到與膝平後雙手內旋，落至左膝兩側，手心向上。

3. 隨即周身上升，雙手隨身向上提至胯平。（圖 118）

意

膝頂。對方雙捶向我迎面打來，我雙手下外引撐，用

圖117

圖118

腋窩夾住對方雙捶，雙手手心頂其兩個肘角，提膝打其下陰，同時雙手將其捧起。

小結

1. 第四十一式至第四十三式，雙風貫耳、旋腳蹬跟、三步捶這三式，是兩肢連續進攻。

2. 第四十四式至第四十六式，青龍探海、黃龍轉身、霸王敬酒這三式，是用身體滾動化解困境。

3. 第四十七式至第五十式，二起拍腳、跳換腳、分門樁、抱膝這四式，是上下齊動並用之法。

第五十一式　喜鵲蹬枝

喜鵲蹬枝

理

化解對方雙拳襲擊胸部。接上式抱膝把人抱起，只有拋出才能夠化解，否則必被壓翻，只有將物掀起加上一腳蹬才能成勢。

應悟古人手掂之鳥飛不起來之道理。

【歌訣】

喜鵲蹬枝多靈變，展翅蹬腳發瞬間，
解其深意仿其形，托肘蹬腿敵後翻。

形

左腳向前蹬出，腳心向前，腳尖向上。同時雙手轉手心向裡，手與肩平，再內旋轉手心向前向上按出。（圖119）

意

對方在我身前伸出雙手正要抱我腰部，我閃電般以雙手托其肘部，向上引領，將其連根拔起，以左腳上蹬其小腹，將其向外向上拋出。

圖119

第五十二式　鷂子翻身

鷂子翻身

理

鐵板功法，鷂子翻身。以鷂子空中捕食之實況來驗證。此式也可空手奪槍用。

【歌訣】

猝然遇擊破招明，右掤左捋順勢應，

鐵板功法腰轉旋，鷂子翻身招法靈。

形

1. 用鐵板橋之法，右手護住咽喉，左手上托其肘尖，左腳尖直取其心窩。（圖 120）
2. 左擊腳向外點隨即鈎回，周身右翻轉躲其鋒芒。
3. 雙手按至雙膝，低於膝，雙腳紮實。（圖 121）

意

接上式，將人蹬出，隨即迎面一槍刺來，我身後仰。右手護咽喉，左手托起槍桿，左腳尖向對方心窩點擊後，即周身向右後方翻滾解之。

圖120

圖121

第五十三式　挕　膝

挕　膝

理

左宜右有雙手互搏法，也是不撇。

【歌訣】

挕膝應敵手腿進，單腿立身根要穩，
揮手掤人手要準，腳蹬肋部腳要狠。

形

1. 右手右腳同時向上向前弧形踢出。（圖 122）

2. 左手畫弧形提至胯根處。

3. 右腳向前落下一步隨身右轉踏實，右腳尖朝東南方向，右手向上向後在頭頂，手心向上。（圖 123）

意

接上式，右側又刺一槍，右手抓槍頭上引，右腳即蹬對方。右手迎抵對方，右腳蹬開對方。

圖122

圖123

再摟膝

形

接上式，和摟膝同，換在左邊。左腳上前邁一大步，成左弓蹬步。（圖 124、圖 125）

意

同時又刺一槍，即起左手抓槍頭，起左腳蹬出解之。

圖124

圖125

小結

1. 第五十三、第五十四式，體現圓的功能，化打結合的必要，左宜右有的驗證。

2. 第四十一式至第五十四式，這十四式是這套拳式中最激烈之運動，是跳躍、輾轉、滾打、蹬踢的具體表現，必須運用以上拳理認真窺悟才有所得，窺得其中秘，方知天外天。

研手捶

理

左打擊時右引化。

【歌訣】

隨屈就伸化彼力，順其來勢抱其身，
要啥給啥趙堡訣，捨己從人化發精。

形

1. 右手向右按至右腳面繞膝。
2. 左手下切對方手腕，隨身向右成右步。（圖126）
3. 右手繞膝後變拳，隨身上推至胸前。
4. 左手掌上推至右拳旁成左弓蹬步。（圖127）

圖126

圖127

意

左手被擒，右後方被對方猛刺一槍，左手配合周身倒換方位之際，用六陽避開左手之擒拿，右手推開刺來之槍後借此力引向左手擒拿之人。

第五十六式　迎面肘

迎面肘

理

遠來用手、近時加肘之打法。

即用左肘解脫左邊之困，隨即配合周身變化用右肘尖擊打對方，右肘窩擒拿，解脫周身之困。

【歌訣】

梢節受制中節應，手腕被拿肘節攻，

腰際勁發貫肘尖，化險為夷迎面中。

形

一定練出左右兩個迎面肘來。

1. 用左肘尖找左腳尖。

2. 右手為拳，左手掌在右拳上，同時隨身向右按至小腹前。（圖 128）

圖128

3. 右肘尖上提至頭頂，隨身向左成左弓蹬步（騎馬蹲襠步），右肘尖找左腳尖。（圖129、圖130）

圖129

圖130

意

對方雙手握我右腕，我即順其力旋轉，起肘向前擊其面部。

第五十七式　抱頭推山

抱頭推山

理

天機的運用。雙肘打、化的應用。

【歌訣】

沉腰活胯身圓轉，左右反背採捌彈，

以臂拿臂解還打，對方仆跌如塌山。

形

1. 右捶變掌，從面部向下畫圓到左腳尖。（圖131）

2. 右手指尖點地，在面前畫弧到右腳尖前。

3. 左手掌上推至頭頂，周身向右成右弓蹬步，雙手不動。（圖132）

4. 左手同時下按至面前，護胸，右手向後向上經頭頂按到面前。（圖133）

圖131

圖132

圖133

5. **定式**：胯要鬆，身要直，兩掌掌心相合。

意

對方用雙手拿住我右手腕肘，我順勢走化即以右肘臂反拿其小臂，左手按其肩，合一勁向我右後推去。

如封似閉

同第五式如封似閉。（圖134、圖135、圖136）

圖134

圖135

圖136

第五十九式 單 鞭

單 鞭

同第六式單鞭。

第六十式 前 招

前 招

理

一臂化雙按手，柔中有剛。以退令對方誤以為得手，實際是要用肩打之，全是以身形變化來完成。

【歌訣】

一臂能化雙按手，鬆胯滾臂身前引，
含胸拔背意貫肩，對方自撞自傷身。

形

1. 右胯根內收。
2. 右勾手變掌隨身下沉落至右胯角前，指尖朝外。
3. 右腳尖內扣。（圖 137）

圖137

意

肩打。對方雙手按我右臂，我右臂向左鬆下，右胯下沉，以肩靠之，猛擊其胸部。

第六十一式 後 招

後 招

理

陽中有陽，以進為進。

【歌訣】

氣蓄丹田屈臂轉，引掤勁出走螺旋，
螺旋全憑腰腿功，腰腿催手敵前翻。

形

1. 右手隨身右移，左手向下、向右畫圓弧至右手下。

2. 右手掌內旋成立掌，捧右手掌，成交叉手上推至面前，成右弓蹬步。（圖 138）

意

我右臂被對方按至身前，我轉腰以雙手迎抵對方雙手，由下而上把對方推出。周身要合成一勁，轉接處不留空隙。

圖138

第六十二式　勒馬式

勒馬式

理

化打同時，以化為拿，以拿化拿，以腳蹬對方前心穴。

【歌訣】

雙手被按莫慌張，旋轉即化柔克剛，
左右反封背變順，恰似烈馬勒繩韁。

形

1. 周身下沉，同時右腳收半步成虛步。

2. 交叉手隨身上內旋向面部向下左右分開。

3. 左手向上推，與頭平，右手按至右胯外側，形如抱斗之勢。（圖 139）

圖139

意

對方雙手抓住我雙手向我胸前按，我含胸，雙手上下分化來力，並提右腳擊其面部。

野馬分鬃

理

右手領肘左手催，丹田內轉四梢應。

【歌訣】

右手領肘左手催，外掤腿蹬身勁整，

丹田內轉四梢應，內外合一發不空。

形

1. 周身向右旋轉，左手至頭平（迎抵），右手為立掌在右膝上（開合）。體會十三勁。（圖140）

2. 右腳向右前方跨一大步，右手隨之向前畫弧推至與右腳尖齊，右手迎抵。（圖141）

3. 左邊與右邊相同。（圖142、圖143）

圖140

圖141

圖142

圖143

意

對方用右拳向我擊來，我以右臂向上迎向外抵出，進步以左掌按其肋。

第六十四式　右高探馬

右高探馬

理

遇強智取。

形

1. 接上式，重心移到左腿，身體向左向下坐。（圖144）

2. 右腳向左向上繞一圈，鈎住對方的左腳跟收回，腳跟著地，腳尖上翹。

3. 手腳同時隨身收至胸前，成上下合掌之勢。（圖145）

意

對方雙手按我右臂，我向左、向下走化，同時以右腳鈎對方左腳，兩手翻轉向對方按出，對方即在我右側跌倒。

圖144

圖145

第六十五式　白蛇吐信

白蛇吐信

理

巧出毒招，也是躉法。

【歌訣】

沉肘小圈滾化進，反制雙臂刺喉咽，
丹田催勁貫筋梢，白蛇吐信巧取勝。

形

1. 接上式，右腳向前邁一步，腳尖向前成右弓步。
2. 同時，兩手向前向上，以右掌指刺出。
3. 左掌移至右肘上方。
4. 右手向前穿，手指直擊對方的困門水分穴，右腳向前躥一大步。（圖146）

意

對方雙手按我右臂，我滾肘即進，以手指刺其咽喉，左手黏右小臂以助勁。

圖146

第六十六式　玉女穿梭

玉女穿梭

理

　　釐法連續施展。當對方用轉身之法擊我，用此式破之。以巧取勝，身手齊進。

【歌訣】

掌發全憑身帶勁，穿梭招發快如風，
神意氣勁貫左掌，足落指到取雙瞳。

形

1. 接上式，左腳向前邁一大步踏實，右腳尖內扣成左弓步。

2. 同時，兩手前後分開，右手置右腹前，左手前推與左腳相合。面部朝北。（圖 147）

圖147

意

對方雙手拽我右臂，我順勢上步，以左掌迎面擊去。

第六十七式　轉身懶插衣

轉身懶插衣

理

輾轉進招，翻身以肘臂擊人。

形

1. 接上式，左腳儘量內扣，右腳向右、向後、向西邁出一步踏實，成右弓蹬步。

2. 身體由朝北轉為朝南。

3. 同時左手弧形下按至左小腹，右手向上、向後、向西畫圈按出，與右腳相合。（圖 148）

意

轉身，肘尖擊敵後心穴。

圖148

第六十八式　如封似閉

如封似閉

同第五式如封似閉。

單　鞭

同第六式單鞭。

雲　手

同第三十四式雲手。

跌　岔

理

應做出雙跌岔，對四方之敵。

【歌訣】

跌岔分打四方勢，左顧右盼前後擊，

身發螺旋彈抖勁，觸轉即放八面跌。

形

1. 接上式，右弓步。（圖149）

2. 雙手隨身左後坐，呈右跌岔式。（圖150）

3. 雙手變立掌從胯角畫弧推出。

4. 雙手掌上領，左胯催，右胯領，右腳收回。

5. 雙手畫圓成雙勾手，隨身落在右膝上。（圖151）

6. 雙勾手隨右腳提起，左右分開，隨身下落，呈左跌岔式。雙手與雙腳相合。（圖152、圖153）

圖149

圖150

圖151

圖152

圖153

注意：一定做到左右跌岔，起落應在雙腳上，膝不得用力。

意

這是應對四方之敵的招數。以雙手領落對付前面之敵，以腳彈踢後敵之襠部，以雙手螺旋分擊左右來人。

掃　腿

理

這是一個高難度的動作，要求動作連貫，一氣呵成，不要有斷續，才能表現出圓活、完整。

【歌訣】

太極掃腿少人知，鐵腿一發敵斷根，

上領下掃仆步擊，常山之蛇首尾應。

形

1. 接上式，鬆腰胯，胯左轉，左腳掌外擺，身體重心移至左腳，呈左弓步。

2. 左手上領，身體下落。

3. 以左腳跟為軸心，右腳外撐，用內側沿地掃圓弧。

圖154

4. 右手、身體同時隨右腳畫圓圈。

5. 定式，身體面向西北，右腿朝北，右腳尖向西。（圖154）

左手隨身向前向上，右手隨右腳腳心向前，隨身向左向後掃去。左手在頭頂偏後，右手在右小腿上，立掌。

意

常山之蛇首尾應。對方用雙掌向我正面抓來，我以左掌迎抵上領，右手與右腳同時轉，並以右腿掃其腿，對方即跌倒。

第七十三式 轉 身

轉 身

理

對付背後的攻擊。

【歌訣】

太極不怕身後攻，掤捋其手來勁空，
腳鈎其背仆地倒，一切都在旋轉中。

形

1. 周身猛向後向右向正東翻轉，右腳用腳跟向後鈎打後落至左腳旁，右手隨右腳落至腹前。

2. 左手畫弧下按至左膝上。（圖 155）

意

身體向後起來，原地迅速轉方向，攻擊後面的來敵，右腳一定要找對方後心和玉關，用腳跟擊之。

圖155

第七十四式　右金雞獨立

右金雞獨立

理

遠用腳踢，近用膝擊。此式用法兇險，不可亂用。

【歌訣】

金雞獨立濟陰陽，蓄發相變柔而剛，
轉換虛實人不知，掌擊易化膝難防。

形

1. 右手手心向上，隨身上推至頭頂。
2. 左腳抓地，右腳上提，右膝與右胯平。
3. 左手下按至襠前。（圖 156）
4. 定。右手手心上領，左手下按，左小腿微屈、抓地，右腳腳心朝前。

意

對方從正面用拳擊來，我以手托其腕或肘，迎抵向前推，提膝擊其下部。遠用腳踢，近用膝擊。

圖156

第七十五式　左金雞獨立

左金雞獨立

理

遠者用手，近者加肘；遠用腳踢，近者加膝。

圖157

形

1. 周身下蹲，右手立掌從右耳後畫弧到右胯前。

2. 右腳外擺變實，提左腳與左胯平，腳心斜向外，左手從左耳後推向頭頂，手心向上。（圖157）

意

同右金雞獨立。

第七十六式　雙震腳

雙震腳

理

意上寓下後天還，避開下掃棍。

【歌訣】

太極攻防變化多，走黏有走也有躲，
對付掃腿身上躍，雙腳連發腿難過。

形

1. 右腳五趾抓地，放鬆腰胯，身體下落。

2. 左手、左腳隨身下沉、內旋，轉向上領起，形成左勾腳之式。（圖158）

3. 右腳用力，周身上躍後迅速踏實，左腳隨身下落踏地，發出連續兩響。

4. 兩腳踏實，內含左勾腳右擺腿的打法。

意

當對方以掃棍向我擊來時，即用此式踩踏對方的掃棍。

圖158

小結

第七十二式到第七十六式這一段，是練雙腳、雙腿進攻和防化、躥高、縱後、前後移動的用法。

倒攆猴

同第二十六式倒攆猴。倒攆猴注意身體中正，不能起伏，腳鈎、掛、鏟、蹬，手掄圓。

白鶴亮翅

同第二十七式白鶴亮翅。

注意：

1. 打成圓。橫的圓、斜的圓、立的圓。
2. 整個身體舒展著轉圓。
3. 腳步輕靈，落地無聲。

摟膝斜行

理

轉身轉胯，物將掀起。重心平移，以臀部掘倒對方。

形

左弓蹬步，肩膀打出。

收右胯，再打出。

三直四順。

1. **背折靠**。右腳發力，經七個穴位至左膀尖，一定要做到手到腳到，沉右天機成左弓蹬步。

2. **童子拜佛**。雙手相合，手指朝天，雙腳雙膝相扣，周身收緊。

3. **化打、打化**。雙手左化右打，周身隨手陰陽之化生，內丹之力發至右手掌、右腳，神聚，上彎弓。

意

同第九式摟膝斜行。

開　合

理

此式為典型的一動十三勁俱現之式。

形

1. 接上式，**開**：收右胯，右手隨胯打出開和合，左手

隨胯打出領和落，走圓。左腳實右腳虛。

2. 合：身體下沉，右腳提起（出）找方向（入），跨一大步後又虛步變實，同時胯打出迎和抵，左腳隨之。

意

同第十式開合。

第八十一式　海底針

海底針

理

同第三十式海底針。

形

第二種海底針的打法，與前面的招式有所不同。

1. 接上式，左腳變實，右腳原地一虛一實轉換，身體隨之上下。

2. 左手向後拉起，由掌變勾手，同時左腳後撤，成右步。（圖 159）

意

同第三十式海底針。

圖159

第八十二式　閃通背

閃通背

同第三十一式閃通背。

第八十三式　如封似閉

如封似閉

同第五式如封似閉。

第八十四式　單　鞭

單　鞭

同第六式單鞭。

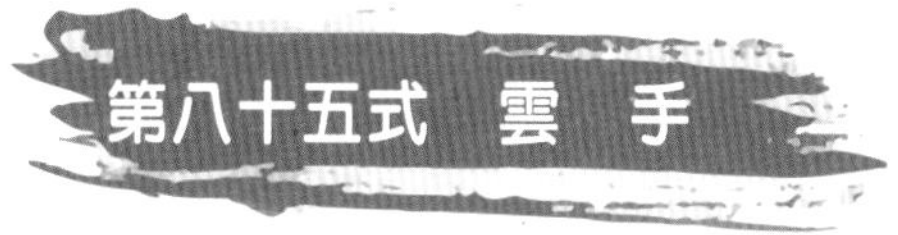

第八十五式　雲　手

雲　手

同第三十四式雲手。

雲手的形有三種打法，一是圓的打法，二是左右分開的打法，三是前兩種結合在一起的打法。此式體現體內背絲扣。

第八十六式　腰　步

腰　步

同第三十五式腰步。腰步注意要整勁躥出。

第八十七式　高探馬

高探馬

理

進步要低，退步要高。

形

1. 左腳收回半步，腳尖點地。

2. 右手在胯前向上向後至頭頂畫弧，向下至前襠，手心向下，左手向右向下向上畫圓至肋下。（圖 160）

意

1. 左手被對方雙手擒拿，左手向前引化，拿住對方手腕，同時左腳尖內扣，向前向上鈎掛對方右腳，使之跌倒。

2. 左手被對方雙手擒拿後，身體迅速往前躥步，左手向上向前將對方的左手引化到對方腦後，同時，右手上提至對方右腋窩，左轉身將對方摔出。

要求做到步要過人，身要欺人。

圖160

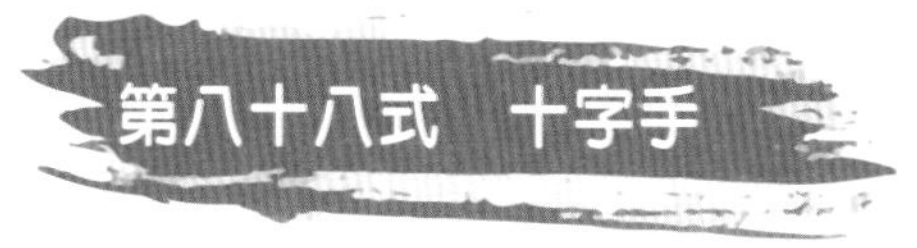

第八十八式　十字手

十字手

理

軟十三不敢黏，十三翻處處翻。

【歌訣】

趙堡太極十三翻，十字翻手凶又險，
手腳一圈一太極，圈圈合勁敵倒翻。

形

1. 雙手交叉成十字手，由下向上在面前旋轉至腹前，左手在上，手心向下，右手在下成十字手，手心向上，落至雙膝上。（圖 161、圖 162）

2. 左腳腳尖向上畫圓在面前內擺從頭頂落至右腳齊，雙腳雙膝內扣，變為雙實步。

圖161

圖162

意

用法很多。

對方右手從我左前方打來，我即以右手黏其手腕，左手托其肘，圓轉開合，以左腳上鈎對方的腳，手腳合一勁，對方即栽倒在地。

第八十九式　單擺蓮

單擺蓮

理

手腳並用，解脫困境。

【歌訣】

手腕被擒莫失掤，肘下踢腳彈腿用，

一招多途人莫識，也作白手奪刃功。

形

1. 接上式，周身向前跨一大步成左弓蹬步，左手隨之向前壓至左膝內側，右手隨之至小腹前，與左掌間隔一指之距。（圖 163）

2. 左手上迎抵至頭平，右手向後向上掄圓從頭頂變拳，右拳背砸在左掌背上。

圖163

圖164

3. 右腳向上踢至左臂肘尖外，再畫向掌心，右捶同時從頭掄向左掌背。右腳面與左掌心發出碰撞聲。（圖164）

意

1. 單手奪刀，手腳並用。

2. 對方抓住我的左肘和手腕，我左手肘上迎抵，右腳上踢至其擒手並將其擺脫，同時右捶砸其手。

第九十式　指襠捶

指襠捶

理

此式充分應用四大節八小節的背絲扣。

【歌訣】

瞻前顧後要謹記，明瞭三節變化奇，

湧泉力發肩膀出，襠挨一肘真魂失。

形

1. 手腳同時隨身向後向右退一大步，成右弓蹬步。

2. 右捶隨身向下向後打出鋪地捶，捶心向襠。

3. 同時，左手變拳，拳頂落至左胯角，肘尖一定要做到擒拿，走圓。（圖 165）

意

1. 左肘擊人。對方從我後面抱我，我以右肩由下而上滾其胸，用肘擊其襠部。

2. 左肘擒拿。對方雙手拿我腕肘，我腕肘走化後以右手變拳擊其襠部。

圖165

第九十一式　領　落

領　落

理

此式含有趙堡太極拳典型的「稱法」。

形

1. 重心移到左腿，成左弓蹬步。

圖166

2. 同時，右拳變掌，掌心向東南，由下向胸前抵出，高與鼻平，左拳變掌，由腹部向襠部落下，掌心向下。（圖166）

3. 同第二式領落。

意

同第二式領落。

翻 掌

同第三式翻掌。

懶插衣

同第四式懶插衣。

右七星下式

理

以身形化之，身手一體。遇強敵順他之力，引盡其勁，反肘擊之。

【歌訣】

仆步下引千斤勢，七星下勢靠法凶，
瞄準七星往上打，靠勁一發人騰空。

圖167

形

1. 左手上迎至鼻前，右手隨身下沉。

2. 雙手在面前繞一圈，隨身右手立掌切至右膝內側，左手上推至頭頂。（圖167）

意

對方雙手按我右臂，我反黏其手臂坐胯蹲身，引其勁落空。式中還藏有七星靠。

擒　拿

理

為身體變化之背絲扣。以拿化拿，薑法。滾臂，含胸扣襠，變化妙無窮。

【歌訣】

解拿還拿妙手法，滾臂採挒一剎那，
含胸扣襠腰勁發，渾身都能把人拿。

形

1. 接上式，重心前移，右腳掌向前踏實。

2. 同時，右掌變拳，隨身上提外旋收回胸前，拳心向裡。

3. 左手外旋，手心向前畫弧形，向右肘下伸出。（圖168）

4. 重心左移，隨即前移，右腳尖內扣向西南踏實，左腳跟上半步。同時左手轉為手心向上，沿右臂外側上抵漸漸變拳，拳心向下，按至腹前。

5. 右拳內旋轉，拳心向下按，與左拳同高。（圖169）

圖168

圖169

意

肘窩擒拿。我右小臂被對方雙手擒拿按住用力前推，我右臂滾壓，要右拳開右手合天機屈伸來完成，以右肩上抵，左手推拿解之（從右肘下上拿其雙手），右手轉擊其腹部。

第九十六式　回頭看畫

回頭看畫

理

以身法的滾翻、閃壓來完成一動十三勁俱現。閃臂，瞻前顧後，前招即化，以左臂掄圓隨身轉向後方擊對方迎門，破身後之擊。

【歌訣】

以臂黏臂搖滾化，膝提足蹬防帶打，

氣斂入骨鬆腰胯，回頭看畫上下發。

形

1. 左拳外旋轉拳心向上、向左、向下打出，高與肘平，與左腳對齊。

2. 左腳提起向左後擺一步，落下變實，腳尖朝東，右

圖170

腳內扣向東南。身體隨之後擺。

3. 右拳隨身移到右胯前。（圖170）

意

左拳迎抵，右拳出入。解脫右手之擒拿手，後邊對方右拳擊來，我即周身急翻轉，用左拳掄撥拳迎面砸去，以右拳衝擊其胸部。

進步指當捶

理

充分體現出五行動作之威力，回頭看畫未能避開身後之敵，即用右腿纏繞擊翻對方，用右拳擊其陰部。捶鑽。

【歌訣】

順化前臂近敵前，進步進身絕招現，

看準五虛險處用，周身合力捶以鑽。

形

1. 右腳向前跨一步，身轉，左腳外撇，右腳鈎、纏、鏟，成左弓蹬步。

2. 同時，右手外旋向後、向上經胸前打下置於襠前，拳眼向裡，拳頂向下。

3. 左拳弧形收回至左膝上方，拳心向上。（圖 171）

意

對方從我正面用右手擊來，我以左手臂迎抵，進步將右拳從頭頂向下直搗對方襠部。

圖171

第九十八式　黃龍絞水

黃龍絞水

理

以身化拿，捨己從人。

【歌訣】

擒臂雖凶走化精，捨己從人卸無形，
應物自然給肩肘，如龍絞水拔其身。

形

1. 身體後轉變右弓蹬步。

2. 雙手同時向右向下抓至右膝外繞一圈。（圖 172）

3. 右腳隨身向右前方邁一大步，雙捶隨身擊至對方胸部。右拳心向上，左拳心向下。（圖 173）

圖172

圖173

意

對方雙手拿我右臂肘向後擰壓，我順其勢配合身法抱其下肢、絞起、拋出。

如封似閉

雙拳變掌。其餘動作與第五式如封似閉同。

單　鞭

理

與第六式單鞭相同。

形（第三種形）

方向與第六式單鞭相反。

1. 右腳紮實，左腳向左邁出一大步變實，右腳隨之虛點地。雙手隨。

2. 右手在左胯變勾手，左手催之自左往右推到右膝上方，右腳向右邁出一大步變實，左腳隨之，腳尖虛點地。

圖174

3. 身體下沉，左腳向左邁一大步，左手掌隨身體平拉推向左方，右手變勾手。（圖174）

4. 定式，左手低，右手高，三直四順六合。

意

同第六式單鞭。

第一〇一式　左七星下式

左七星下式

右勾手變掌，其餘動作同第九十四式，唯左右相反。（圖175）

圖175

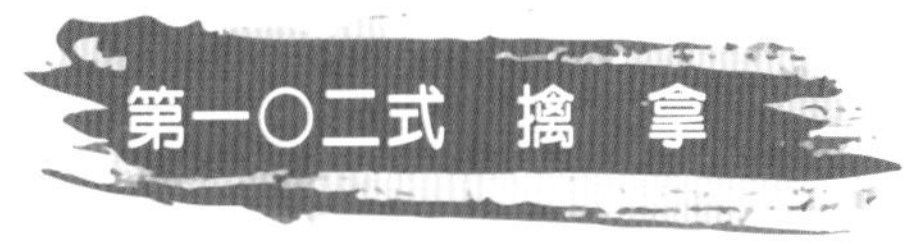

第一〇二式 擒 拿

擒 拿

理

與第九十五式擒拿相同，唯左右相反。

形

1. 右腳變實，左腳收回半步。

2. 同時，右手從左肘尖下沿左臂外側上繞，漸變拳，轉拳心向下按至右胯旁，拳心朝外；左拳轉拳心向下按至左胯旁，拳心朝外。（圖 176、圖 177）

3. 身向正西。

圖176

圖177

意

同第九十五式擒拿。

第一〇三式　進步砸七星

進步砸七星

理

【歌訣】

雙手被封知轉換，手肘胸腹皆是圈，
提膝護中退即進，對方跪我七星前。

形

1. 左膝提起至腹前，同時，提雙拳到胸前成交叉手，小臂背相合。左膝藏在交叉的雙拳裡。

2. 左腿隨身上提至左膝與胯平，右腳發力，雙拳在胸前交叉，由內向外隨左步向前躥一大步，在左膝前交叉落下。

3. 雙手交叉落在腳尖前。（圖 178、圖 179）

意

對方雙手抓住我雙手前按，我含胸，雙手滾動反拿其雙手，身下蹲，對方即在我面前跪倒。

圖178

圖179

第一〇四式　退步跨虎

退步跨虎

理

【歌訣】

如虎撲來樣兇猛，　卸其來勢退法應，

左鈎右掤散其力，　以柔克剛不丟頂。

圖180

圖181

形

1. 左腳發力向後縱一大步，左腳隨即收回，腳尖點地。
2. 同時，雙手從左右隨身向上合掌於面前。
3. 右手上推至頭頂，左手變勾手畫弧至左臀旁。
4. 右腳實，左腳尖點地，身體下蹲。（圖180、圖181）

意

對方用雙拳向我右側兇猛擊來，我退步以左勾手開合、右手迎抵卸其來勢，以靜待動，視其變化發招。

第一〇五式　轉　身

轉　身

理

【歌訣】

轉身妙勢抱太極，身圈帶動數圈至，

掤捋擠按瞬間發，引化千斤不為奇。

形

1. 身體下沉，提起左腳與左手齊。

2. 右腳跟為軸，雙手、左腳同時隨身向右向後轉，至西南方稍下按，但左腳不得落地。

3. 面向南，左腳向左前方邁一大步，左手略高於右手，兩臂在胸前撐一斜圓，雙手指尖相對，手心向外，相距一拳，略高於胸。（圖 182）

意

對方從我身後用拳擊來，我急轉身，雙手以迎抵出入連續發出，對方即應聲跌倒。

圖182

第一〇六式　雙擺蓮

雙擺蓮

理

雙手手臂迎抵，腳踢、擺、掛。

【歌訣】

趙堡太極架獨特，式式相連步步深，
雙擺蓮擊破雙腕，功夫不純難應心。

形

1. 身體下沉，雙手雙臂隨之內收。

2. 右腳提起，由左肘尖畫弧圈外擺。

3. 同時，右腳面先後拍打左、右手掌心，掌根內合，發出雙響，定，雙手仍保持環形。（圖 183）

圖183

意

雙腕被對方抓住，我即向右一引後以右腳擺踢其雙腕。

第一〇七式　搬弓射虎

搬弓射虎

理

【歌訣】

搬弓射虎應後入，雙手採捌臂撐圓，
手臂肩胯合整勁，發人猶如箭離弦。

形

1. 接上式，身體下沉，左腳力催，右腳向後一大步成右弓蹬步，雙手隨之落到右膝前。

2. 雙手上捧至鼻前，變雙拳，迎抵對方，右胯稍下坐，右肩領，形成吹喇叭狀。（圖184）

意

我脖子被人從背後扣住，我順其勢雙手護喉，右臂迎，左臂頂其雙手並向前撐圓，將對方從右肩方向拋出。

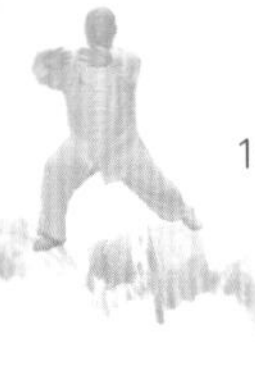

圖184

第一〇八式 領 落

領 落

理

彼不動，己不動，彼微動，己先動，我意在先也。先下手為強，後下手遭殃。自竅、悟。

【歌訣】

太極圖圓無始終，全在陰陽變化中，

開中有合合中開，循環往復轉無窮。

形

1. 雙手變掌，右手立掌隨右肩膀向前推出，左手掌上撐置於頭頂。重心移到左腿，成左弓蹬步。（圖 185）

2. 同第二式領落。（圖 186、圖 187）

3. 此式為趙堡太極拳「收式」。（圖 188）

圖185

意

黑虎掏心，左手迎抵，右手同樣迎抵，肩入胯出，氣由丹田發到四梢。

此式為趙堡太極拳「收式」。

圖186

圖187

圖188

趙堡太極拳

獨門秘笈

七個規則
示範解析

七個規則

空圈、三直、四順、六合、四大節八小節、不撇不停、不流水。

1. **空圈**。一勢一勢都練成空圓圈，即是無極，即是聯。故每勢以轉圓為主，不須斷續，不須堆窪。如此做去，方為合格。

2. **三直**。頭直、身直、小腿直。三者何以能直？細分之是不前俯、不後仰，不左歪、不右倒，不扭膀、不掉胯，自然上下成直。

3. **四順**。順腿、順腳、順手、順身。四者何以能順？細分之是手向左去身順之去，腿向左去，腳亦順之去。唯順腳時，先將腳尖撩起，隨勢而動，切記不可抬高移動身之重點。向右順亦然。

4. **六合**。手與腳合，肘與膝合，膀與胯合，心與意合，氣與力合，筋與骨合。

5. **四大節八小節**。兩膀兩胯為四大節，膀為梢節之根，胯為根節之根，周身活潑全賴乎此。八小節：兩肘、兩膝、兩手、兩腳。節節隨膀隨胯運動，勿令死滯，自能順隨，與膀胯為一。

6. 不撇不停。每動一招，左手動右手不動為撇，右手動左手不動亦為撇。腳之作用與手同。不到成勢時止住是為將勁打斷，名曰停。犯此無論如何鍛鍊，勁不連接，終無效用。

7. 不流水。每一招到成時一頓，意貫下招，是為勢斷意不斷。如不停頓，一混做去，謂之流水。犯此，到發勁時，因勢無節制，勁無定位，必致勁無從發，此宜深戒。

七層功夫

一圓即太極，上下分兩儀，進退呈四象，開合是乾坤，出入綜坎離，領落錯震巽，迎抵推艮兌。

第一層：一圓即太極。此層從背絲纏絲分出陰陽，其練是纏法，其用是捆法。

第二層：上下分兩儀。此層陽升陰降，陽輕陰重，其練是波瀾法，其用是就法。

第三層：進退呈四象。此層半陰半陽，純陰純陽，互為往來，其練是蘁法，其用是伏貼法。

第四層：開合是乾坤。此層天地相合，陰陽交合，其練是抽扯法，其用是撐法。

第五層：出入綜坎離。此層火降水升，水火沸騰，其練是催法，其用是回合法。

第六層：領落錯震巽。此層雷風鼓動，有起有伏，其練是抑揚法，其用是激法。

第七層：迎抵推艮兌。此層為口為耳，能聽能問，彼此通氣，其練是稱法，其用是虛靈法。

獨門練法

杜元化《太極拳正宗》云：趙堡鎮太極拳只「太極之先，天地根源」二語盡之，何則太極，即天地也，太極之先即無極也。天地根源，天地乃太極也，根源即無極中之背絲扣也。背絲扣即為天地根源，即為太極之母也。

其中，動作招招混圓，與天地之無極同，由招招混圓歷三直四順六合等人身之混圓而造為背絲扣，與天地根源同，即與天地之根源同，則人身之背絲扣，非即為人身練太極之母乎？即為人身練太極之母，則太極拳之基，實肇於此。太極拳之基，既肇於此，則其中所練之兩儀四象八卦，誠無不肇於此矣。

人身即天地，天地即太極，太極之內分出先後天，練斯拳者，以後天引先天，其中有無數層折，均須一層挨一層，不得獵等，否則無效，練至心腎歸丹，催動鉛汞，安軸安輪，並且與天地合德，指人腹背而言，與日月合明，指人耳目而言，與四時合序，指人肺肝而言，與神鬼合吉凶，指呼吸而言，能明此，延年益壽。

天人之關係。一是天地有三直：上、中、下；人身亦有三直：頭、身、腿。二是天地有四順：寒、溫、暑、涼；人身亦有四順：手、身、腿、腳。三是天地有六合：上、下、前、後、左、右；人身亦有六合：手、腳、肘、膝、膀、胯。四是天地有四大節：春、夏、秋、冬；人身亦有四大節：兩膀、兩胯。五是天地有八小節，四立：立春、立夏、立秋、立冬；二分：春分、秋分；二至：夏至、冬至。人身亦有八小節：兩手、兩肘、兩膝、兩膀。

據此，以下列兩個表格（表1、表2）解析說明，並以太極之先天地根源（圖189）、背絲扣（圖190）和一人一太極（圖191）三個示意圖來幫助理解之，引用黃帝內經圖來佐證。

祖師曰：天地未分之前，宇宙一片混沌，呈混圓無極狀態。恍兮惚兮其中有象，惚兮恍兮其中有物。恍恍惚惚陽中似乎有陰，恍惚之際，又覺不僅陽中有陰還像陰中有陽。雖然陰陽未分，似乎又有陰陽充塞其間，彼此消長，此後陽升陰降，天地立分，太極成矣。

蔣發所傳趙堡鎮太極拳，把天地一太極和人體亦作一太極進行類比，用「太極之先，天地根源」來溯其根源。天地即陰陽，即宇宙自然的無極，其根源是無極中之背絲扣，即為練太極拳之母。

師傅蔣老夫子所傳趙堡太極拳，因其中動作招招混圓，與天地無極同，由招招混圓歷三直、四順、六合等，人身之混圓而造為背絲扣，練太極拳之基實肇於此。其中所練之兩儀、四象、八卦誠無不肇於此。

人與宇宙同根，人體是小宇宙，宇宙自然有其運行規律，其中萬物亦無不外乎此，名之曰「道」。老子《道德經》第一章「道可道，非常道……」其實道無形無象，先天地生，獨立而不改，周行而不殆，但它確實存在，並充

祖師曰：趙堡鎮太極拳只「太極之先，天地根源」二語盡之。

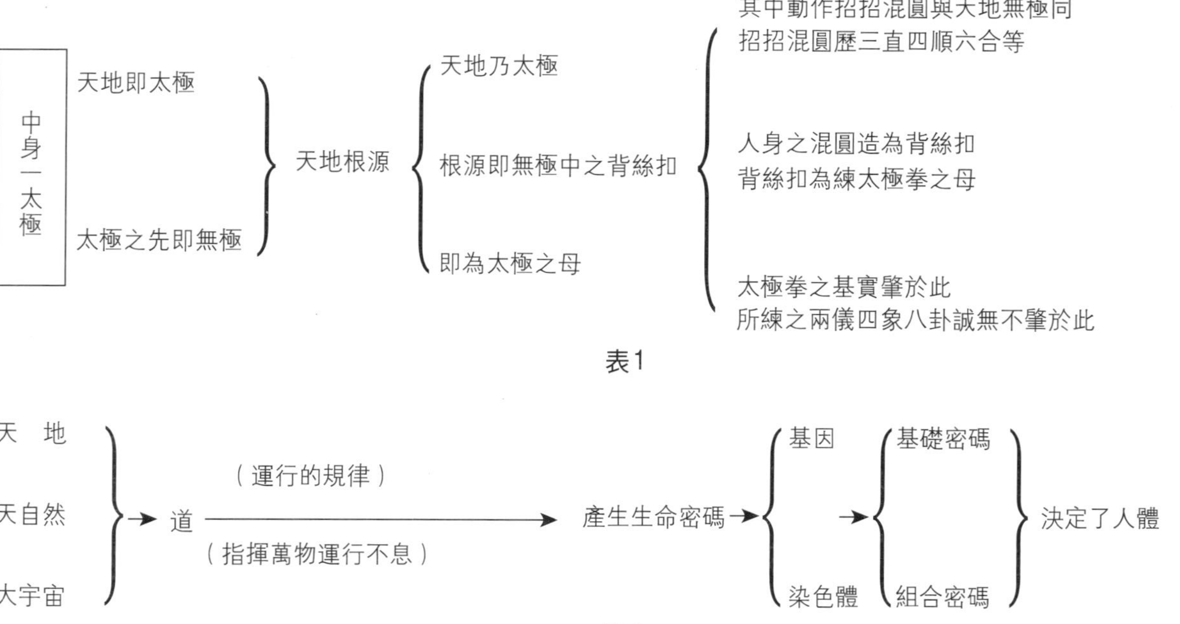

表1

表2

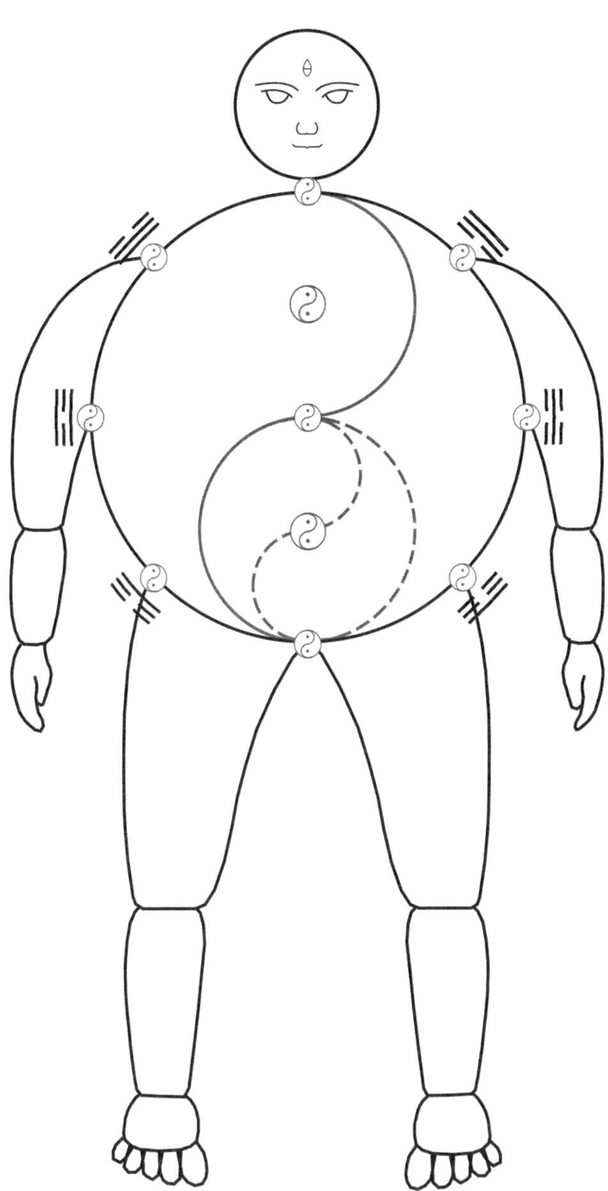

圖189　太極之先天地根源示意圖

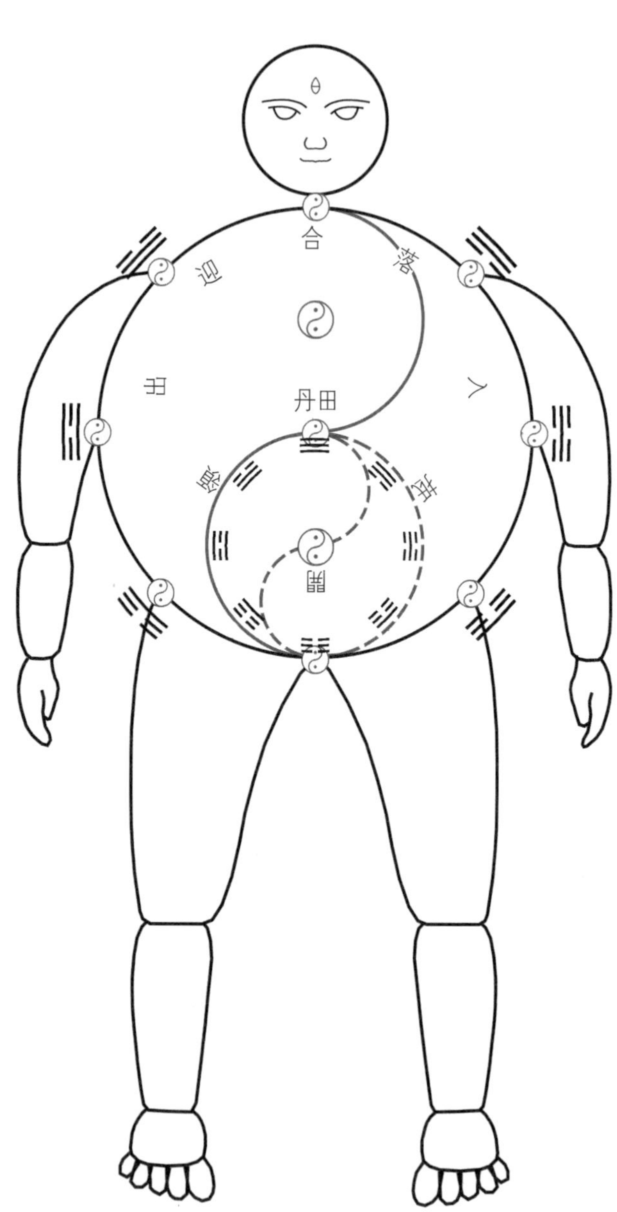

圖190　背絲扣示意圖

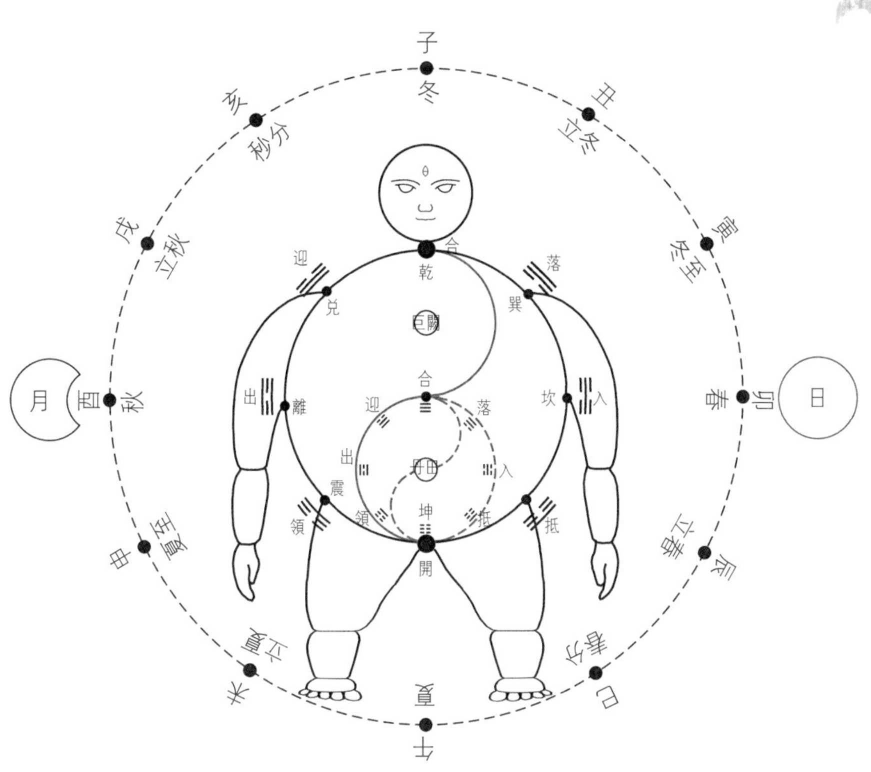

圖191　一人一太極混示意圖

塞於宇宙天地之間，對人體而言，就像承載生命的密碼——基因和染色體一樣，根據人體基因所組成的染色體上所承載的密碼，人體長成，按這個訊息活動於天地之間，宇宙天地的運行也是按照這樣的密碼訊息在週而復始地運行。道即無極，即背絲扣，道生一，一生二，二生三，三生萬物。無極生太極，太極分兩儀，兩儀生四象，四象生八卦加五行轉動，十三勁俱現。非經空圈、三直、四順、六合、四大節八小節、不撇不停、不流水七項規則去演練，就不能全部彰顯出來。這就像人體的背絲扣，如基因和染色體所承載的生命密碼一樣，人體的一切活動，都離不開它的支配。

練太極拳也必須按背絲扣所蘊含的人體道性密碼進行修煉。道者動之反，道性逆向，後天返先天是也。故天地一太極和人身一太極都實肇於背絲扣，亦即道，這是太極之基，其中的兩儀、四象、八卦等自然皆出於此。故練太極拳要與宇宙人體之道相合，按無極背絲扣中所含七項規則等道性規則次第修習，才能彰顯背絲扣之妙用。

北京白雲觀中所藏木刻黑白版《內經圖》是道家內丹養生修煉的千古秘訣，該圖也稱《內景圖》，亦名《延壽仙圖》（圖 192）。

《內經圖》為人形構造側面景象，以山水圖畫隱喻內丹修煉的基本內容，圖內分別標注有上、中、下丹田，任脈、督脈和尾閭、夾脊、玉枕等與養生密切相關的經脈穴竅。外圍重線上下部分的組合喻示「形與神俱」，內部田林關隘、河岳人物等自然景觀暗喻「天人合一」。清代道士劉素雲在付梓刻版的白雲觀木刻有題記云：「此圖……繪法工細，筋節脈絡注解分明，一一悉藏竅要。展玩良久，覺有會心，始悟一身呼吸吐納即天地盈虛消息，苟能神而明之，金丹大道思過半矣。」

趙堡太極拳深得道家「天人合一」養生之精髓，倡導與天地合德，與日月合明，與四時合序，與神鬼合吉凶，以神運精氣，促進上、中、下三丹田、任督二脈循環周

圖192　北京白雲觀《內經圖》拓片

流，達到增強體質、抵抗疾病、延年益壽之目的。

重要秘訣

【秘訣一】

順項貫頂兩膀鬆，束肋下氣把襠撐。

威音開勁兩捶爭，五趾抓地上彎弓。

第一句：

順：順暢，沒有阻力。項：支撐頭部的頸椎骨。貫：上下暢通。頂：身體最高的部位，即泥丸穴。膀：前面為肩，後面為膀。鬆：全身肌肉放鬆。

舌根後抽（略收下巴），使氣入泥丸穴，便兩膀放鬆。順項貫頂是果，兩膀鬆是因。

第二句：

束：捆、收緊的意思。肋：肋骨。下：下沉。氣：血的流動。把襠撐：上虛下實。收緊胸肋，使氣下沉，把襠部撐圓，做到上虛下實。束肋下氣是果，把襠撐是因。

第三句：

威：兇猛、兇狠的意思，形容功夫純厚之人發出的吼聲。音：聲音；開：爆發。勁：肌肉的崩彈。兩捶爭：氣貫四梢，發至兩掌的力。

以聲催力，使從丹田爆發出來的氣達四梢。

第四句：

五趾：單腳的腳趾。抓地：吸大地之精華，使周身穩固。上彎弓：周身都要神聚，精神高度集中，即神到、意到、氣到、力到，做到「勁整神聚」的境界，做到內三合。

練拳時精神為主宰。

【秘訣二】

舉步輕靈神內斂，莫教斷續一氣研。

左宜右有虛實處，意上寓下後天還。

第一句：

舉：抬起。步：不僅是步伐，還包括腳、腿部。舉步，包括了周身的運動。輕：輕巧。靈：靈敏、靈巧。神：精神。斂：集中。神內斂：神聚天根，明確目標和方向。

一動周身輕靈，思維器官高度集中，全神貫注於天根，產生了意，做到心與意合。

第二句：

莫教：不允許、不要。斷：一式未做完就停下來，套路不完整。續：呼盡後動作沒到位時還要繼續做該動作，延誤時機。一氣研：在一式中要分清十三勁及各勁的意圖，不能混沌，不能只一個勁。

第三句：

左：左邊。宜：容易有、適宜。右：右邊。有：存在。虛實處：尋找對方的受力點或倒下點。

第四句：

意上寓下：上面受攻擊，我意從下面擊打對方；下面受攻擊，則我意從上面擊打對方。充分利用三節的關係做到一動十三勁俱現。還：還原。後天還：透過後來的實戰經驗積累和總結提高形成技擊上的本能反應，還原是太極的陰陽本意。

此主要運用於技擊方法。

【秘訣三】

拿住丹田練內功，哼哈二氣妙無窮。

靜分動合屈伸就，緩應急隨理貫通。

第一句：

拿：掐。住：穩。丹田：下丹田。拿住丹田：透過天機轉換，在丹田形成背絲扣，進而發出一動十三勁。練：練習、鍛鍊。內功：身體發出或反射出來的力量。

第二句：

哼哈：指呼吸。妙：精微、精妙。無窮：沒有盡頭。一呼一吸，太極。在每個招式中，用哼哈二氣使丹田氣貫到四梢、聚回丹田，完成太極的陰陽轉換，實現一動十三勁俱現。

第三句：

靜：沒有任何動態後的狀態，神聚，思維器官高度集中。分：開、化。動：一動即發，是靜的反義，改變原來位置。合：氣與力的結合，兩物結合起來。屈：收縮、收緊。伸：展開。就：完成、成功。

透過思維器官的觀察，做到心與意合。在身體屈與伸的過程中，完成氣與力的結合。

第四句：

緩：慢。應：應對。急：快速。隨：跟隨。理：道理、拳理拳法。貫通：完全瞭解。

在對方進攻時，神內斂，自己要知道要做什麼、用什麼方法應對。

急隨是身體的本能反應，達到內三合，隨心所欲運用本門拳理拳法。

此主要運用在擊倒對方。

【秘訣四】

蔣發先師曰：

筋骨要鬆，皮毛要攻，

節節貫串，虛靈在中。

【秘訣五】

邢喜懷先師曰：

知氣養而增命，善競撲而全身。

習拳之妙在於：陰陽之化生，動靜之機變。知氣養而增命，善競撲而全身。

氣何以養？寅時吐納，神守天根，意沉海底，心靜息寂，神意互戀，升降吞液，腹中如輪，旋轉循規。是以知水火之和，氣為兩腎所趨，此人身性命之本，須刻刻留意。

撲何以善？手腳四肢皆聽命於心神，動靜虛實隨意氣而定取，上動下合，左轉右旋，前移後趨，唯心神之所向，意氣之所使也，腰為真機而貫串肢節，勢無所阻是故內意者為用耳。

1. **趙堡太極拳總綱**。

陰陽		化生——理
	之	
動靜		機變——形

2. **乾坤顛倒顛**。以精化血、以血化津來滋養身體的練功方法為乾坤顛倒顛。

3. **流行者氣，對待者數，主宰者理**。流行者，即規範；氣，呼吸；對待者，即熟悉（用法）；數，意圖；主宰者，即自如；理，陰陽化生。

4. 與天地合德，與日月合明，與四時合序，與神鬼合吉凶。明此方能延年益壽。

5. **規範**：是指每一動作都要心與意結合。意：一是攻防意識，二是四肢出入目標明確，三是須知天機的應用。

6. **太極拳圓的運動原理**：將物掀起而加以挫力。

7. 要用每式的「理、意」和姿勢結合，方能入神。

8. **背絲扣**。背絲扣是趙堡太極拳的獨特練法，是太極拳之母、人體內的無極，是七個規則的結晶，是整個人體太極之路線。

六陰六陽是背絲扣的動作體現和運用結果，是實現一動十三勁俱現的基本要求。以雙手的運動為例說明之。（圖193）

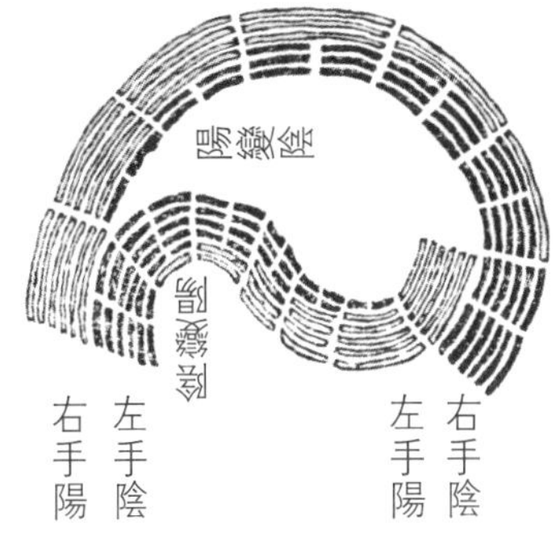

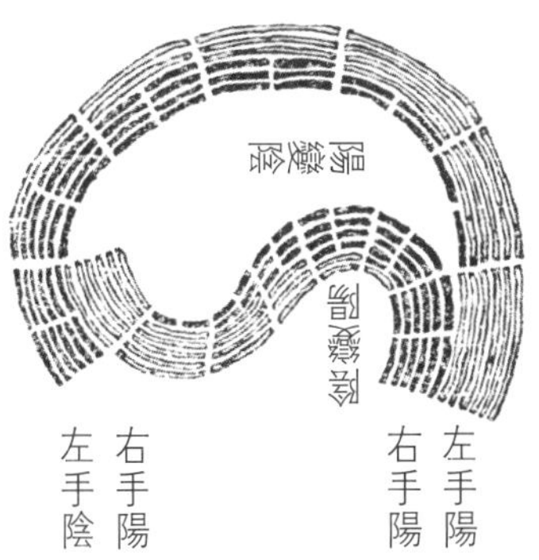

背絲扣為太極拳之母是此拳徹始徹終工夫此論此歌是教人單做背絲扣順逆動作之法故以總稱之

圖193　「六陰六陽」圖

（來源：《杜元化<太極拳正宗>考析》）

兩手在做空圈的動作時，每隻手都不斷地從陰變陽，又由陽變陰。雙手的陰陽轉換在交替進行著，左手如果處於陽，右手則處於陰。左手處於六陽則右手處於六陰，左手處於五陽一陰則右手處於五陰一陽，左手處於四陽二陰則右手處於四陰二陽，左手處於三陽三陰則右手處於三陰三陽，左手處於二陽四陰則右手處於二陰四陽，左手處於一陽五陰則右手處於一陰五陽。反之亦然。

同理，一隻手的動作以及四大節八小節中的每一個關節和周身的著力點都可以分出六陰六陽。

9. **一動十三勁俱現**。八法：開合、出入、領落、迎抵；五行：進、退、左、右、中。此八法五行為十三勁名稱。

10. **上彎弓**：身雖動，心貴靜，臨危不亂，思維只管保

持冷靜不亂，最難得。

11. **一定要做到沾、連、黏、隨，不丟不頂**。沾：貼緊，內因「皮毛要攻」。連：通氣，內因「通氣法」與敵連成一體。黏：合為一體，讓敵甩不掉，「捨己從人」。隨：差米填豆法，也叫「就法」，化拿、拿化。

12. **借力打人**。力從人借，對方發給我身上之力，我順對方之來力的方向轉引給對方，並加上自身之力。

13. 遠打用手、近打加肘，遠打用腳、近打加膝，遠近皆打，手腳並用。

14. **挨到何處何處擊**。要做到推手演練中，挨到何處何處擊，渾身是手。

15. 拳打一條線，步法要準。

16. **在太極拳套路演練中，每個姿式都要做到護五虛**：即上護咽喉下護陰，左右護肋中護心。

17. 要啥給啥，捨己從人。

18. 打即過，過即打，其理一也。

19. **三節之變**。人身分多少個三節，一節之中有三節。

拳法

1. **練拳要講意**：意是每個動作的攻防意識。趙堡太極拳最高境界是一動十三勁俱現。十三勁的變化是混圓由天機來指揮完成的，周身混圓是幫助意來完成攻防的辦法。

2. **一定要遵循趙堡太極拳的獨門練法，才有本門的練拳效果**。不可摻雜旁門之術。這是趙堡太極拳的體系。

3. **練好武術，就像完成一道算術題，要去窺悟：**

手＋腳－肘＋膝×胯＋肩÷臂＋頭

＝迎＋抵－開×合＋領＋落÷入＋出

＝前－後×左÷右

＝定

這一道「算術題」是我幾十年教拳傳拳用拳之高度概括。

它要求：練習每一招式時，要做到面前無人當有人，與人交手時，要做到面前有人當無人；一定要懂得每個動作裡的攻防意圖；禦敵的手法、步法、身法的動靜機變；要準確認定對方在動作變化中的滯點、死點、變化點、著力點、發力點和倒下點；要巧妙運用自身陰陽之化生，以柔克剛，真正做到借力打人和挨到何處何處擊；要感悟和清楚力發何處，並透過哪些部位和關節達到著力點。只有進入這種境界的練習程序和意念，才能夠進入修煉的高層次階段，達到神意高度集中，思想意識階及神明；才能夠把練拳和交手結合一體來演練；才會出現當今社會上所流傳的「練趙堡太極拳到一定的境界，會有鬼找你打架」的玄影。

總之，「算術題」是練拳經驗的凝練，是寫在紙上的「公式」，要有真正的功夫則要刻苦練習，可謂紙上得來終覺淺，絕知此事要躬行。

4. **循循善誘**：方法＋操作＋道。

循序漸進：漸悟＋體感＋隨心。

5. 吾問師曰：「練拳時，不要用力我力大無窮。與人交手時，要用力我一點力都沒有。」師曰：「心急吃不了熱豆腐。」

6. **熟能生巧，巧中有理**。每條規則都有一種永久不變的規律、原理：一是在古籍的書中，二是在活著的人的腦中，三是在實踐中，學習歸納、悟道。

7. 練拳時，面前無人當有人，交手時，面前有人當無人。完成每個動作裡的攻防意圖。

8. 推手過程中，手管手、肘管肘、腳管腳、膝管膝；一定要遵循空圈、三直、四順、外三合。

9. 推手中，手要吃人，步要過人，身要欺人，神要勝人。

10. 推手過不去的時候，找生門，不能讓對手引自己入死門。能變化的是生門，不能變化的是死門。初學者找出一個生門，本領高深者能找出多個，甚至能夠找出十三個生門。意在先者贏，推手中比的就是，誰理解應用得好，誰為勝者。

11. 認真領會推手和套路之間的關係，技藝是姿勢的本能，充分體現「練拳時面前無人當有人，交手時面前有人當無人」是你大腦中的「神意結合」的重要性。

12. 實戰中，應做到彼不動，己不動，彼微動，己先動，我意在先也。先發制人，我意為先。悟：先下手為強，後下手遭殃。

13. 以拿還拿，以身化拿，左右上下渾身無處不是拿

和化。

14. **套路要練成一圓**。沒有式完，只有氣盡。

15. **神宜舒**：很鎮靜，沒有一絲慌亂的樣子。

16. **鬆腰**：要做到完全鬆腰，頭上領，身下沉，也就是懸頂墜臀，拉開脊椎之間的關節，使脊椎運動自如。使背後的兩條大筋氣血暢通，上入泥丸，氣沉海底。

17. 以退為進，陽中有陰，出人意料。

18. 屈要屈得下，展要展得開。落腳如古樹盤根，起腳似山崩地裂。

19. 身體要做到「進步要低，退步要高」，如腰步和高探馬的步伐。

20. 始而勉強，久而自然。

21. **破除太極拳在人們心目中是個可望不可求的東西這一印象**。太極拳並不是神乎其神的東西，它是古人搏擊時積累的技擊方法和技巧。要練好、掌握它，必須刻苦磨鍊自己的肉體和筋骨。所謂「功」，為深刻窺悟其內涵精華實質；所謂「藝」，把這些方法與技藝融會貫通為一體，將它運化自如，最後與人交手能達到人不知我我獨知人的境界。

要訣解析

要訣

1. 理無拳不明，拳無理不精。

2. 手逢胯角起，手遇腳尖落。

3. 窺得其中秘，方知天外天。面前有手不見手，面前有肘不見肘。

4. 左右搖晃藝不高，鬆肩藏肘逞英豪。

5. 功要練成軟如棉、硬如鋼、滑如魚、黏如鰾。

6. 前腿似跀，後腿似汆（籬笆牆的木樁）。此為古籍中的原文，我理解的意思是：每一個弓蹬步都要前腳用力抓地，後腳像「汆」一樣紮在地下不能移動。

7. 外家練形氣，內家練神理。

8. 一層功夫一層理。自身練到幾層功夫，你才能懂得幾層理的內容。

9. 打人不露形，露形必不贏。一定要內含而不露。

10. 靜如處子，動如猛虎。鬆要鬆得下，起要起得開。

11. 能神通不可語達，可意會不可言傳。

12. 氣須斂，多處力集中在一點上。

13. 拳理拳法秘訣俱可得之師傳，但臨陣發揮和現場應變，誰也難教成。

14. 紙上得來終覺淺，絕知此事要躬行。

15. 橫目斜視千萬朵，賞心只有兩三枝。

16. 筋長一寸，壽延十年。

趙堡太極拳

的獨特用法

一、塞瓶口

「塞」為堵的意思，「瓶」比喻人的身體。「口」出入氣的地方，人身的發力點。「塞」和「擋」字有區別。

真意：

與人交手讓對方發不出勁來，也就是七層功法中的「稱法」「通氣法」「攝魂大法」。這是趙堡街自古留傳下來的，聽起來真有一點玄乎，但是，實是一種奧妙，交手技藝，神技。

要做到塞瓶口：

1. 必須在練套路純熟懂七層功法運用的基礎上，懂人身上經絡的運行和穴位。

2. 必須純熟掌握太極拳陰陽變化之理。

3. 必須熟練掌握太極拳推手中的運用變化，尤其是掌中六陽六陰五行變化。懂得借力。

4. 在交手時不可捨近求遠，化、打應用要自如。

5. 懂得呼吸在交手之中「發」與「過」的關聯。

二、搗瓶底

破除對方塞瓶口的技能。

三、王屠捆豬

王屠，人名；捆，綁的同義；豬，動物。

此法是背絲扣的體用，在敵進我退時，我仍然順敵之力，右手腕領，右手腕後領上引，左手接其肋催，整個身形後退，右腳後撤到左膝內側，上提到右臀下旋起。

此時，敵身已進入，我身右側敵右腳已踏入我左腳內側，敵右腳未穩之際，同時，我身上漲，提在右臀下之腳輕靈、穩準繞其身後踏至敵左腳跟後，我右手引其右手下劃至敵左胸前壓住其左臂，我左手脫其肋、推其右肩膀，使其身內旋，我身趁勢下壓，我自己右腳尖內扣，使敵右翻，整個身體壓在我右弓腿上，敵頭倒在我身左側，雙腳離地面朝上被捆住。

四、張飛推磨

當頭部被右拳擊，右手管住對方手腕，用左肘打對方右肘，使對方從右側跌倒。

五、差米填豆

形象生動地描述了在瞬間擊發時攻守雙方的肢體狀態，為趙堡太極拳的一個核心技擊理念。

豆的體積大於米粒，對方讓一粒米的空間，我卻填進一顆大豆的體積。填進一點假勁，引出對方真勁，這時就可以有的放矢了。這是進攻前必須要做的。

六、偷宮移步

左腳移到對方後腳跟、內扣，全身壓向對方欺人。

七、蠆　法

隱蔽意圖，出其不意地狠擊對方，巧出毒招。例如玉

女穿梭雙蠆法。

八、吃窩還餅

使用相同的招式，運用不同的打法進行回擊。

九、建前堂

對方以匕首直刺我心窩，我以右手抓其握匕首的右手腕，順其力，用我右肘推其刀鋒向對方咽喉刺去。

借對方隨後仰之機，我的左手心上抵對方肘尖，右手乘機下捌折其右手腕，使其匕首脫手，我即拿匕首向對方心窩刺去。暗藏殺機，慎用。

十、金雞捏嗉

嗉，禽類喉嚨下裝食物的地方。即在建前堂中拿住對方的手腕讓對方跪倒在前面的一個典型用法。

十一、通氣法、稱法

作用力與反作用力。即在推手中知道對方來的力源並接收下來（借到身上），再將對方之力送回給對方。

十二、找生門

1. 右腳外旋，右手隨之找腳尖。

2. 左掌找五虛，手、腳同時找生門。

3. 右掌由死門到變化（應用點）落入右腳旁（外側）生門。

4. 周身走立圓，右腳鈎掛上彎弓。

十三、化與打

化即打，打即化。在趙堡太極拳中，打與化是同時進行的。

十四、迎門靠

1. 右手掌，上內旋，肘肩隨之。
2. 右腳尖，隨右手掌內旋，右臀隨之。
3. 左手掌心按左胯窩，隨身內旋隨之。
4. 左腳跟內轉。

十五、背折靠

左肩、膀由下向上，弧形向上迎抵擊打對方。腳到手到。

除此之外，趙堡太極拳還有許多其他獨特用法，例如：鐵板功法、順手牽羊、肋下靠、進步靠、七星靠、左右十字手、左白鶴亮翅、右白鶴亮翅、左野馬分鬃、左高探馬、右高探馬、跌岔、玉女穿梭、左合掌擠、右合掌擠、千斤墜、四打一開、大鵬展翅、如虎撲食、黑虎掏心、騎馬蹲襠步、鐵板橋、右肋下肘、閃臂、臀坐、懸頂墜臀法、頭頂日月、懷抱乾坤、腳踏五行，等等。

太極十三式

起源圖解

太極拳十三式手法起原之圖

本太極拳十三式手法始由天道起中包六十四勢每勢要練够十三字即一圓兩儀四象八卦是也末以天道終余師云苟非其人道不虛傳

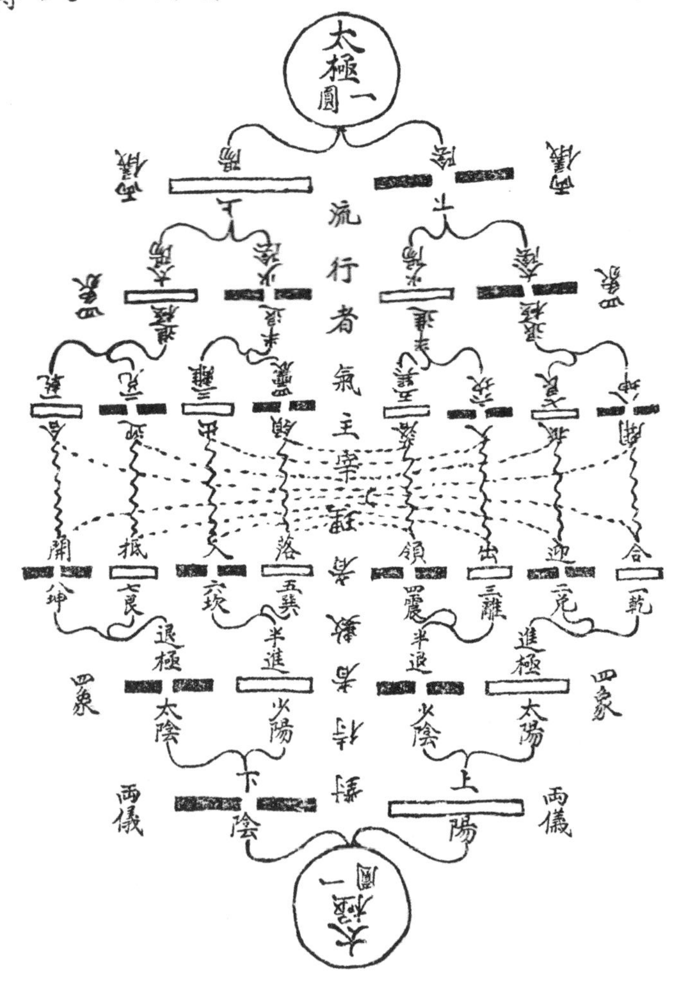

圖194　太極拳十三式手法起源之圖

關於趙堡太極拳十三式手法起源之圖的闡釋如下。

一、流行者氣

氣是人體內五臟六腑、筋骨血肉能運行和四肢百骸能運動的根本動力來源，氣是按照一定規律在人體內沿著經絡循環運行的。氣旺盛，並且能在體內經絡中正常運行，則身體健康、精力旺盛；如果氣血不足，經絡混亂，則精神萎靡、疾病纏身。

演練趙堡太極拳首先要知道，與天地合德、與日月合明、與四時合序、與神鬼合吉凶，方能延年益壽。

如何才能讓氣血在人體內順暢運行呢？必須關注練習趙堡太極拳中「與神鬼合吉凶」之說，也就是練拳中呼與吸的配合。

心臟的跳動與肺部的呼與吸是人維持生命一刻也不能停的基本生理運動。肺部的呼氣與心臟的收縮，將體內的血液由血管收回心臟。肺部的吸氣使心臟收縮，將血液由血管輸送到全身每個部位，這樣的循環使體內氣血由三關、九竅，輸送到全身的穴位，所以將呼與吸說成鬼神、陰陽。

舉例說明，你去看望一個危重病人，有人問你：病人出「氣」乎？你說出氣。毫無疑問病人是活著，那就是陽，是神。否則就是死，是陰，是鬼。

所以，趙堡太極拳練習者把呼與吸，看作太極，為陰、陽。氣必須在體內大小周天中運行。在練習套路中理解，是由丹田中發出之氣，在體內達四梢，來磨鍊自己的

筋骨。初練時是用身體四肢的動與靜，促使體內氣血在經絡中運行，時間一久，氣血運轉有了規律，就形成丹田運轉來帶動全身各部位，這樣的演練才完成十三式手法圖中的流行者氣。

趙堡太極拳宗師特講：「知氣養而增命。」宗師又講：「氣何以養？」宗師曰：「寅時吐納，神守天根，意沉海底，心靜息寂，神意互戀，升降吞液，腹中如輪，旋轉循規。是以知水火之和，氣為兩腎所趨，此人身性命之本，須留意。」

二、對待者數

古太極拳不單能健身，更精於防身，它是搏擊術，是國家之武術，是我國人民抵抗外國侵略的重要手段之一。

技擊搏鬥，一打一化，就是有勝有負，招法為「數」，也就是陰陽，是太極。太極的數是由兩儀、四象、八卦組成的，再具體一點，是用開合、出入、領落、迎抵這八個字代表的：開代表坤，合代表乾，領為震，落為巽，迎為兌，抵為艮，出為離，入為坎。趙堡太極拳是以陰陽化生為主宰，以動靜機變為實踐，上用八法（八卦）變化、下用五行配合來演習。

這裡再詳細闡釋一下五行的內容，「五行」為金、木、水、火、土，也就是南、北、東、西、中的代號，實際是練拳、推手中的動向，也是方法。上用八法、下用五行，上用八法運化技能，下用前後左右中的配合，這樣的演化技巧，才能做到一動十三勁俱現，才能顯示趙堡太極拳獨特的練法。這種上下配合技能的運化線，總稱為背絲扣，練習方法是獨特的。其實，對待者數是一百零八式動作中的攻防意圖。

趙堡太極拳是由七十二式、三十六招組合而成的，它以道的七十二地煞、三十六天罡星來演練每式動作的攻擊意識，對應每動的手眼身法步的具體方法和用法，因地煞法多是以化為上，天罡法是致命的凶招，所以分七層功法練習，每層的動作說明、講解很奧妙，更有練習時的七個規則來限制你的不規範動作和技法。

只有一層挨一層地理解、體會，才能神理貫通，才能掌握天機的運用，更會練到高境界，才有在練功時有鬼陪你打架的玄影出現。

趙堡太極拳宗師講：「善競撲而全身。此為習拳之妙理，撲何以善？手腳四肢皆聽命於心神，動靜虛實隨意氣而定取，上動下合，左轉右旋，前移後趨，唯心神之所向，意氣之所使也，腰為真機而貫串肢節，勢無所阻是故內意者為用耳。」

但練習者切記，正宗招法應得師傳，臨敵應變和臨場發揮是誰也無法教出來的。

三、主宰者理

一切事物永久不變的規律、規則，為「道理 」。但談及每件事物時，只能說出它真實性的一二，不能講出全面，這只能用「可神悟，不可言傳；可意會，不可語達」來形容，這就是「道」。

道是用言語說不完整的，就是身體能感覺到滋味並能演練出來，嘴巴卻無法形容出來，如趙堡太極拳姿勢演練時的主宰者理。

1. 順項貫頂兩膀鬆，束肋下氣把襠撐。威音開勁兩捶爭，五趾抓地上彎弓。這條秘訣，在一百零八式每式中都能運用得體，並能使你的動作姿勢規範，提起你的精氣神往外到位，使你的動作的理上一個臺階。

2. 舉步輕靈神內斂，莫教斷續一氣研。左宜右有虛實處，意上寓下後天還。在第一條秘訣掌握好後，再理解第二條秘訣，你就感到驚奇，在第一條秘訣的基礎上，第二條秘訣更得心應手，可以更深更好更明瞭地掌握。第一條秘訣就能使你感到完美，加上第二條秘訣，沒有繁瑣和多餘感，而是感到更全面、更奇妙。

3. 拿住丹田練內功，哼哈二氣妙無窮。靜分動合屈伸就，緩應急隨理貫通。

三條秘訣能在一式中理解、操演、體悟，神奇就會出現，你就能知道道教文化的偉大、道家養生術的神奇，傳統文化不可廢除，充分說明理無拳不明、拳無理不精的真實性。

練斯拳者必須以後天引先天，其中有無數層折，均須一層挨一層，不得躐等，否則無效，練至心腎歸丹，催動鉛汞，安軸安輪，方能成功。

乾坤顛倒顛

「乾坤顛倒顛，能悟到就能練成大羅仙」。這一古秘在趙堡鎮已相傳四百餘年，始終單傳不外露，更不傳外家，現將我師父相授淺薄地談一下。

首先從乾坤講起，「**乾**」代號為「☰」（即三爻），乾三連，是伏羲八卦中的正南。單講卦中的「乾」，代意是指天、陽、剛、火、紅、男等。但這是講太極拳方面的，應該是人身一太極，從人身講：心屬火，舌通於心，血氣為剛。

「**坤**」代號為「☷」，是伏羲八卦中的正北方，「坤」的代意是指地、陰、柔、水、黑、女等。從人身講：腎屬水，耳通於腎，氣血暢通。

在這裡先談一下金、木、水、火、土與人的臟腑的關係和功能。金屬肺，木屬肝，水屬腎，火屬心，土屬脾，它們的功能是：「金」，肺動沉雷驚；「木」，肝動火焰沖；「水」，腎動快如風；「火」，心動勇力生；「土」，脾動大力攻。

再談面部和五臟，心通於舌，肝通於目，脾通於人中，肺通於鼻，腎通於耳。再講講金、木、水、火、土與天地自然形成的關係，春為木氣，夏為火氣，長夏為土氣，秋為金氣，冬為水氣。

更重要的是四季與人的陰陽學說，春為喜氣，故生；夏為樂氣，故養；秋為怒氣，故殺；冬為哀氣，故藏。這裡講出了人的喜怒哀樂和天的生殺養藏，所以要將人身比天地，天地一太極。

要想弄清楚乾坤顛倒顛的真意，必須先知道天地與人身之間的相互聯繫。但是怎樣才能談清楚其理，還得從趙堡太極拳的獨特處講。練斯拳者，一定要以後天引先天，練至心腎歸丹，催動鉛汞，安軸安輪，並且要細講，與天地合德，指人腹背而言，與日月合明，指人的耳目而言，與四時合序，指人肺肝而言，與神鬼合吉凶，指人的呼吸而言。

乾是火，是指人的心臟，坤是水，是指人的腎臟。但還得說怎樣為顛倒顛，練趙堡太極拳功法中第五層功法有「出入綜坎離」，即：火降水升，水火沸騰，演練中為催法和用法中的回合法。在練的方面就不談了，只講如何才能練成大羅仙。火是心，心是產血的主要器官；水是腎，腎是產精的重要器官。心火旺，燒乾了腎水；腎水足，淹沒了心火。這是個大的難題，這裡我講一點人體的氣血經絡：「源於臟腑，流於肢體。」氣血失調，則神機反常而生；氣血調和，則強身延壽。更要清楚地認識到「水穀之精，臟腑之精」，按照正常人是津生血，血生精，「精」乃人之精華，男子的精液與女子的卵子和性衝動時的分泌物，現代醫學斷言，精子與卵子只含蛋白和水，其實這只是醫學上的一個極淺層次，也是認識事物的一個側面。宇宙既然是無限可分的，就不可只憑顯微鏡下有限的觀察，將無限的事物說成有限的。

從千年古墓中發掘出的穀物，經培育竟然發出新芽，說明種子的生命力強盛。人是萬物之靈，精與卵是人的種子，它所蘊含的生命力，從理論上講，應屬於生物的種子，所以中國古代聖人視精為珍寶，倍加愛惜。現代人習

慣於用感觀認識事物，可是眼睛等感官對事物的認識是有限的，只有用心靈感知事物才是無限的。

老子在二千五百多年前形象地描述了宇宙的形成過程，竟然和現代科學證實的一樣，彭祖闡述的「惜精養神」也同樣是人類重要的養生理論。古代修道之人，都在惜精的基礎上，意守丹田，丹田須靠人體會其位置，大約在男子精囊和女子卵巢一帶，意念便使氣血集中於此。久之，精的能量被催化為一種更高級的物質進入血髓之中，上行至腦使人頭清、耳聰、目明，形成「水火既濟」和「心腎相交」之良性循環，這樣練功的過程叫作：精化氣，氣化神，心為君主，心陽之氣就是君火，脾胃是攝取後天營養的臟腑，其氣屬於後天之陽，腎居下焦，內繫元陰元陽，其陽又為相火。

人出生以後自然要靠脾來攝取後天水穀的營養，腎精的封藏也要靠脾胃之氣的不斷補充，因此，脾胃氣的和調於機體健康關係重大。若透過內功心法長期演練，能讓精化血，血化津，津能產生高機能的營養增補真氣，進入骨髓，大腦形成先天之氣，為元氣，能延年益壽。所以能練成乾坤顛倒顛之法，必須懂得鉛汞的練法。津的能量是構成人體及維持生命的基本物質，由飲食精微物質，由胃、脾、肺、三焦等臟腑的作用而化生。津液對臟腑組織器官有著滋潤和濡養的生理功能，與血同源。

趙堡太極拳有句秘訣曰：「**練拳若得長流水，長壽延年不老松。**」

附

錄

首屆趙堡太極拳拳理拳法傳承研討會紀實

金秋十月，丹桂飄香。在恩師的召喚下，我們十九位弟子欣然相聚趙堡鎮，參加恩師王海洲主持的首屆中國趙堡太極拳拳理拳法傳承研討會。

這次會議在恩師的親自指導和示範下，進一步訓練了趙堡太極拳一百零八式規範拳架，明晰了拳理、拳法，詮釋了趙堡太極拳的五個秘訣，學習了《趙堡太極拳拳理拳法秘笈》書稿的獨門練法。

與會弟子通過本次研討會的集中強化訓練和恩師的言傳身教，通過參觀趙堡太極拳歷代宗師紀念館，受益匪淺，對趙堡太極拳拳理拳法的傳承有了更深刻的理解，對趙堡太極拳規範拳架的強身健體、延年益壽之術有了更清晰的認識。

本次研討會的成功召開，對趙堡太極拳的傳承與弘揚具有重大的現實意義和深遠的歷史意義。

《趙堡太極拳拳理拳法秘笈》的編輯出版是趙堡太極拳掌門人、我們的恩師王海洲大師幾十年的練拳用拳之心得、在國內外授拳之經驗和潛心探索研究之成果，是對趙堡太極拳本門傳承和發展的重大理論貢獻，將成為本門發展史上的里程碑。

謹此，對恩師的無私付出和良苦用心深表感謝！對恩師的信任和重托深感榮幸！同時也深感責任重大，我們要遵循恩師教誨，認真領悟趙堡太極拳的精髓，掌握其獨門練法和要訣要義，不斷豐富拳理、提高拳技；要積極推廣宣傳並繼承弘揚趙堡太極拳。

「路漫漫其修遠兮，吾將上下而求索」，趙堡太極拳弟子應嚴守趙堡太極拳門人訓，精誠團結、同心協力、齊研共悟，德藝雙馨，共創中國趙堡太極拳的輝煌！

王長青等十九位弟子

王海洲先生之子王長青拳照

本書一〇八式拳架附圖的身體方位表

序號	拳架名稱	圖片身體方位	圖片索引	成式時身體方向
1	第一式　預備式	南	1-4	南
2	第二式　領　落	東南-南-西南-南-南	6-10	南
3	第三式　翻　掌	東南-東南-西南-東南	11-14	東南
4	第四式　懶插衣	東南-南	15-16	南
5	第五式　如封似閉	東南-西-西南	17-19	西南
6	第六式　單　鞭	東南-東北-西南-南-南	20-24	南
7	第七式　領　落	南-南-東南-東	25-28	東
8	第八式　白鶴亮翅	東南-東南-北-東南-東-東南	29-34	東南
9	第九式　摟膝斜行	西南-西南-東南-東南-東	35-39	東
10	第十式　開　合	東-東-東	40-42	東
11	第十一式　琵琶式	東-東南	43-44	東南
12	第十二式　摟膝腰步	東南-東	45-46	東
13	第十三式　上步十字手	南-東南	47-48	東南
14	第十六式　收回琵琶式	東南-南	49-50	南
15	第十七式　摟膝腰步	西南-南-南	51-53	南
16	第二十式　束手解帶	南-南-南-南	54-57	南
17	第二十一式　伏　虎	南-西南-西-南	58-61	南
18	第二十二式　擒拿	西-西	62-63	西
19	第二十三式　指因捶	西-西	64-65	西
20	第二十四式　迎面捶	南	66	南

續表

序號	拳架名稱	圖片身體方位	圖片索引	成式時身體方向
21	第二十五式　肘底看拳	東	67	東
22	第二十六式　倒攆猴	東-東-東-東-東	68-72	東
23	第二十七式　白鶴亮翅	東-北-東南	73-75	東南
24	第二十九式　開　合	南-東北	76-77	東北
25	第 三十 式　海底針	東北	78	東北
26	第三十一式　閃通背	東-南-西-北-西南	79-83	西南
27	第三十二式　如封似閉	西南-西南-西南	84-86	西南
28	第三十四式　雲　手	南-南	87-88	南
29	第三十五式　腰　步	南	89	南
30	第三十六式　高探馬	東	90	東
31	第三十七式　轉　身	南-東-北-東北	91-94	東北
32	第三十八式　右拍腳	東	95	東
33	第三十九式　再轉身	東-南-東南	96-98	東南
34	第 四十 式　左拍腳	東	99	東
34	第四十一式　雙風貫耳	東-北-北	100-102	北
36	第四十二式　旋腳蹬跟	北	103	北
37	第四十三式　三步捶	北-西-北	104-106	北
38	第四十四式　青龍探海	西	107	西
39	第四十五式　黃龍轉身	西-東	108-109	東
40	第四十六式　霸王敬酒	東-東	110-111	東
41	第四十七式　二起拍腳	東-東	112-113	東
42	第四十八式　跳換腳	東-東	114-115	東
43	第四十九式　分門樁	東	116	東
44	第 五十 式　抱　膝	東-東	117-118	東
45	第五十一式　喜鵲蹬枝	東	119	東

續表

序號	拳架名稱	圖片身體方位	圖片索引	成式時身體方向
46	第五十二式　鷂子翻身	上-北	120-121	北
47	第五十三式　摟　膝	東北-東	122-123	東
48	第五十四式　再摟膝	東南-東南	124-125	東南
49	第五十五式　研手捶	南-東南	126-127	東南
50	第五十六式　迎面肘	南-西南-東	128-130	東
51	第五十七式　抱頭推山	東-西南-西南	131-133	西南
52	第五十八式　如封似閉	西南-西南-西南	134-136	西南
53	第 六十 式　前　招	南	137	南
54	第六十一式　後　招	西	138	西
55	第六十二式　勒馬式	西	139	西
56	第六十三式　野馬分鬃	西北-西-西南-西	140-143	西
57	第六十四式　右高探馬	西南-西	144-145	西
58	第六十五式　白蛇吐信	西	146	西
59	第六十六式　玉女穿梭	北	147	北
60	第六十七式　轉身懶插衣	南	148	南
61	第七十一式　跌　岔	西南-西南-南-南-南	149-153	南
62	第七十二式　掃　腿	西	154	西
63	第七十三式　轉　身	東	155	東
64	第七十四式　右金雞獨立	東	156	東
65	第七十五式　左金雞獨立	東	157	東
66	第七十六式　雙震腳	東	158	東
67	第八十一式　海底針	北	159	北
68	第八十七式　高探馬	南	160	南
69	第八十八式　十字手	西南-西	161-162	西

續表

序號	拳架名稱	圖片身體方位	圖片索引	成式時身體方向
70	第八十九式　單擺蓮	南-南	163-164	南
71	第 九十 式　指襠捶	西南	165	西南
72	第九十一式　領　落	南	166	南
73	第九十四式　右七星下式	西南	167	西南
74	第九十五式　擒拿	南-西南	168-169	西南
75	第九十六式　回頭看畫	南	170	南
76	第九十七式　進步指襠捶	東南	171	東南
77	第九十八式　黃龍絞水	南-東北	172-173	東北
78	第一〇〇式　單　鞭	北	174	北
79	第一〇一式　左七星下式	西北	175	西北
80	第一〇二式　擒　拿	西北-西	176-177	西
81	第一〇三式　進步砸七星	西-西	178-179	西
82	第一〇四式　退步跨虎	西-西	180-181	西
83	第一〇五式　轉　身	南	182	南
84	第一〇六式　雙擺蓮	南	183	南
85	第一〇七式　搬弓射虎	西南	184	西南
86	第一〇八式　領　落	南-西南-南-南	185-188	南

注：

1.趙堡太極拳起式時身體面向正南。

2.書中的拳架說明均以東南西北進行方位變化。

趙堡太極拳傳承表

- 蔣發
  - 邢喜懷
    - 張楚臣
      - 陳敬柏
        - 張宗禹
          - 張彥
            - 陳清平
              - 武禹襄（武式）
                - 李亦畬
                  - 郝為真
                    - 孫祿堂（孫式）
              - 李景顏（忽雷架）
                - 楊虎
                  - 謝公謹
                  - 陳銘標
                    - 杜瑜澤
                  - 楊紹順
                    - 楊柱
                  - 陳應德
                    - 王晉讓
                      - 郭東寶
                      - 蕭治傳
                      - 陳逸民
                      - 洪湘彬
                      - 陳家箴
                  - 張寶成
                    - 張錫玉
                - 李火焱
                - 張國棟
                  - 劉修道
                  - 張文成
                  - 李景春
                  - 李景花
              - 李作智（騰挪架）
                - 李鎬
                  - 劉修道
                  - 張文成
                  - 李景春
                  - 李景花
                - 周瑞祥
                  - 李在榮
                  - 劉世英
                    - 劉耀森
                    - 吳金增
                - 周文祥
                - 郭炳元
                - 王明懷
                - 王玉中
              - 和兆元（代理架）
                - 秋慶喜
                  - 郝玉朝
                  - 鄭伯英
                    - 柴學文
                    - 鄭鴻烈
                    - 張鴻道
                      - 王海洲
                    - 郭士魁
                    - 王德華
                    - 王佩華
                    - 范詩書
                      - 范同川
                      - 段保國
                      - 李占成
                    - 趙增福
                  - 郭云
                  - 和學敏
                  - 鄭悟清
                    - 原寶山
                    - 劉瑞
                    - 宋蘊華
                    - 鄭鈞
              - 任長春
                - 杜元化
                - 杜元德
                - 任應吉
                - 劉振乾
                - 劉振坤
              - 陳漢陽
                - 陳堃
              - 陳景陽
                - 陳鈞
                  - 陳乃文
                    - 陳學忠
              - 牛發虎
                - 劉金鳳
                  - 劉士喜
                - 王虎臣
                  - 李俊秀
                    - 劉清喜
              - 張敬芝
                - 王林清
                  - 王澤善
                    - 李大孬
                    - 茹天才
                    - 董洲
                - 陳應銘
                - 張利泰
                - 張鐸
                - 侯春秀
                - 張樹德
            - 張應昌
              - 張汶
                - 張金梅
              - 崔東
      - 王柏青

趙堡太極拳第十二代王海洲主要傳人

河南焦作溫縣：王長青、慕新軍、王翠霞——（子）慕雯濤、王珊霞——（子）賈凱文、王占魁、賈偉、司有生

河南焦作博愛縣：賀太安、王立品、齊學軍

河南焦作武陟縣：閆紅軍、趙長松、李小國、賈波

河南焦作沁陽市：李長洪、張虎振

河南新鄉市：張挺、張瑞勤、逄好社、王衛紅、王金林

河南鄭州市：張家和

河南鄭州登封市：釋永旭

河南洛陽市：宋聚堂、潘芳

河北邯鄲市：郭江、郝一、田喜蓮、李大寨、趙愛斌、張志卿、郝照剛、劉淑英、康曉娟、郭興華、岳計林、李洪義、袁克勇、付積亮、王順興、李蒙召、任小全、喬鵬

河北邯鄲大名縣：郝丁、楊延濤、陳二春、張江濤、張磊

河北邯鄲臨漳縣：郭九敏、李樹清、任會保、王秀萍、張秀峰、冉海濱、吳紅、張海濱

河北邢臺市：李國英

河北承德市：金秀娟

廣西南寧市：熊智軍、李明、魏愛玲、冼定同、陸燕、王暉、陸寧、廖斌、謝瑩、李莉娜、周琳、李次娜、劉文、梁維平、王丹、馮薇、周文濤、劉鎮維、何月桂、

羅營、許峰、黎明、王貴洪、俞瓊、韋哲、田華欣、汪茗、莫清蓮、劉天明、李海雲、周夏林、杜佩愈、藍甸軍、譚謙、肖而立、成天曉、蘇海峰

廣西梧州岑溪市：葉綠華、李凡、吳小軍、梁茂標、李澤賢、封斌、甘羲崇、房超斌、甘偉銘、劉大海、李勤

廣西梧州市：秦海濤

廣西桂林市：李業幸、蔣紅生、秦愛軍

廣西賀州市：江榮秋、莫建明、英燕、伍欣榮、張寶珠、李瑞玲、何木旺、陳建芳、梁永新、黃盛全、毛明志、李志榮、謝素群、葉忠華、梁秀雲、胡椿明、張晉國

廣西柳州市：郭西寧、李長鳳

廣西北海市：黃周

湖北武漢市：劉安新、李煥洲、甘遠香、吳一多、陳四香、吳漢榮、周火林、宋筱萍、徐玉梅、彭世文、劉啟光、熊英彤、趙藝新、閔江東、劉樹珊、馮崇發、饒揚志、易友清、朱修勝、吳亮

湖北孝感市：鄭凱、湯國寶、張國洪、趙華根、沈萬清、張峰蓮

遼寧本溪市：房國良

浙江溫州樂清市：盧茂森、謝賢柱、李建英、葉銀利、金曉龍、李修惠

浙江台州市：盧先友、尹衛國、王荷芳、林健平、廖春妹、朱富明、金良菊、葛時友、倪掌才、蘇衛江、陳用平、葉天華、盧林森、盧學勤、楊玉英

浙江台州臨海市：金祖兵、潘兆軍、吳鳳花、李建

明、尹愛國

浙江舟山市：彭芳

重慶市：劉星明、劉興強、袁其林、馮丁寧

廣東深圳市：袁浩森、曾潤棠、鄧炳強、卓桂海、盧炎信

福建廈門市：張亞麟、何克強、曾旺斌、陳長現、邱書宏、楊軍成

上海市：吳國慶

江蘇南京市：蕭軍榮

江蘇鹽城市：薛春將

江蘇省：張定全

陝西西安市：王自安

江西贛州市：徐軍水

中國香港特別行政區：呂珈佑、林璧芬、溫漢民、許玉蓮、劉烜輝、唐嵐

加拿大：毛春燕、黃淑華

美國：趙偉春

韓國：徐牛松

王海洲先生全家合影

後　記

《趙堡太極拳拳理拳法秘笈》一書終於正式出版，可謂十年磨一劍。

2007年我分別到浙江、武漢、廣西為徒弟們現場授課，在這期間我一次次的示範動作和講解都被大家用各種現代訊息技術記錄下來了，並在課後相互學習切磋和反覆討論研究。這樣大大地提高了教學進度和訓練水準。我想如果將每一次的授課講義彙集成冊，作為培訓教材供大家練拳時閱讀使用，不就能更好更快地傳播推廣趙堡太極拳了嗎！這就是編輯本書的初衷。

為將幾十年授拳筆記正式編輯成書，從2014年起，我在本門弟子中挑選了部分分會會長和骨幹，分別在溫縣趙堡鎮和南寧市進行了三次集訓和研討，從而進一步規範了趙堡太極拳一百零八式的拳架演練姿勢，提高了教學質量，增強了大家對拳理拳法的理解，同時進一步明確了習武練拳之人要做到德藝兼備、以德為先的原則，不斷磨鍊優良品格和精湛技藝。

在培訓過程中，我主要採用體認、體證，研討求真的方式，遵循知之為知之、不知為不知，知無不言，不藏巧，言必由衷，言必盡意。我如竹筒倒豆般盡傳所學所知，自始至終，待徒如子。嚴苛的集訓和研討工作為編輯本書提供了有力的支撐和支持。在此，我感謝所有參與集訓和本書編輯工作的徒弟們！

2016年，我應邀到雲南參加有關太極拳的研討活動，期間幸會王躍平編輯。王躍平編輯曾經在山西科學技術出版社出版過許多武術書籍。我們一見如故，話很投機。她即熱情地幫我做本書的出版計劃，並親自到溫縣趙堡鎮與我商量書的篇章結構並加以指導。在她的鼎力支持下才有今天《趙堡太極拳拳理拳法秘笈》與公眾見面。在此，我衷心感謝王躍平編輯和她的團隊的大力支持！衷心感謝北京科學技術出版社的大力支持！

此外，我還要感謝熱愛此書的讀者！感謝熱愛趙堡太極拳的廣大練習者！也希望本書對大家練習趙堡太極拳有所裨益。

王海洲

彩色圖解太極武術

歡迎至本公司購買書籍

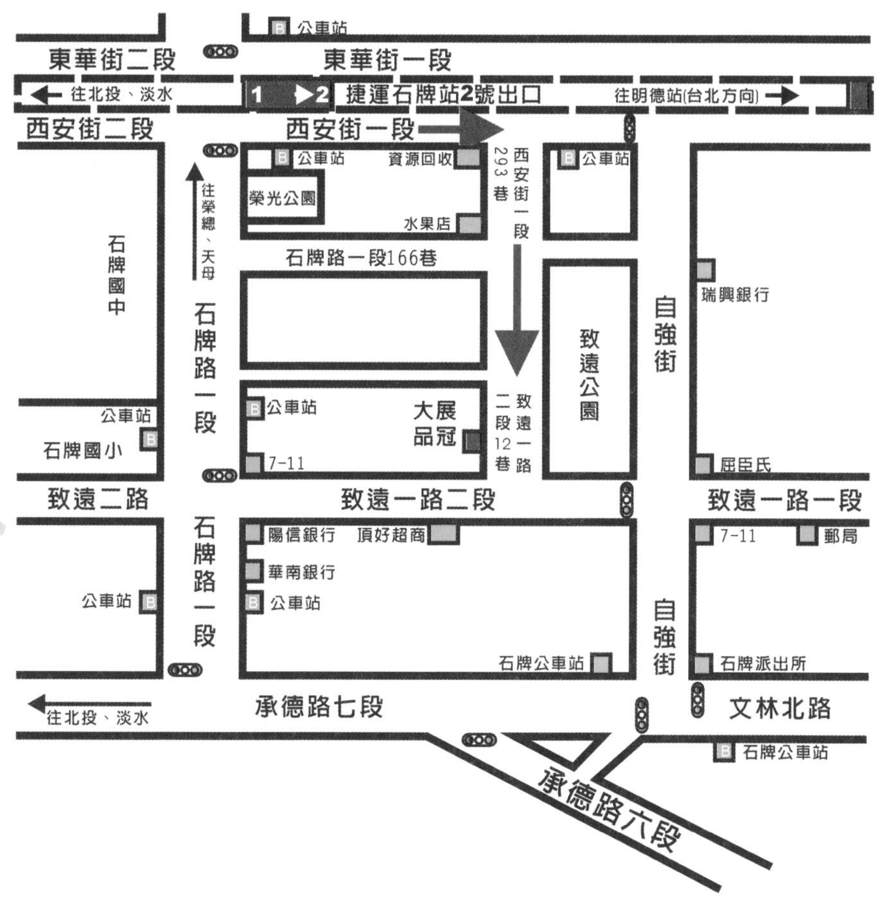

建議路線

1.搭乘捷運・公車

淡水線石牌站下車，由石牌捷運站２號出口出站(出站後靠右邊)，沿著捷運高架往台北方向走(往明德站方向)，其街名為西安街，約走100公尺(勿超過紅綠燈)，由西安街一段293巷進來(巷口有一公車站牌，站名為自強街口)，本公司位於致遠公園對面。搭公車者請於石牌站(石牌派出所)下車，走進自強街，遇致遠路口左轉，右手邊第一條巷子即為本社位置。

2.自行開車或騎車

由承德路接石牌路，看到陽信銀行右轉，此條即為致遠一路二段，在遇到自強街(紅綠燈)前的巷子(致遠公園)左轉，即可看到本公司招牌。

國家圖書館出版品預行編目資料

趙堡太極拳拳理拳法秘笈 ／ 王海洲　著
——初版，——臺北市，大展，2020〔民109．05〕
面；21公分 ——（趙堡太極拳；1）
ISBN 978－986－346－296－5（平裝）
1. 太極拳
528.972　　109002978

趙堡太極拳拳理拳法秘笈

著　　者／王 海 洲
責任編輯／苑 博 洋
發 行 人／蔡 森 明
出 版 者／大展出版社有限公司
社　　址／台北市北投區（石牌）致遠一路2段12巷1號
電　　話／（02）28236031・28236033・28233123
傳　　眞／（02）28272069
郵政劃撥／01669551
網　　址／www.dah-jaan.com.tw
E－mail ／service@dah-jaan.com.tw
登 記 證／局版臺業字第2171號
承 印 者／傳興印刷有限公司
裝　　訂／佳昇興業有限公司
排 版 者／弘益電腦排版有限公司
授 權 者／北京科學技術出版社
初版1刷／2020年（民109）5月

定 價／500元

大展好書　好書大展

品嘗好書　冠群可期